KB013164

어린이 지식

e

어린이 지식 e ⓔ–⑧ 과학과 기술

초판 1쇄 발행 2015년 2월 10일
개정 1쇄 발행 2015년 8월 20일

지은이 | EBS지식채널ⓔ 제작팀

발행처 | 이비에스미디어(주)
발행인 | 김재근
기획 | EBS ⓔ MEDIA 장명선 · DKJS 성준명
글 | 전연주   **그림** | 민재회   **편집** | 에듀웰

판매처 | ㈜DKJS
출판등록 | 2009년 11월 18일 (제2009-000323호)
주소 | 서울특별시 강남구 강남대로 84길 23, 1408-2호
문의 전화 | (02)552-3243   **팩스** | (02)6000-9376
이메일 | plus@dkjs.com

ISBN 979-11-86082-40-9 (64300)
ISBN 979-11-86082-43-0 (세트)

• 지식플러스는 EBS미디어와 DKJS가 공동으로 기획, 제작한 도서의 출판 브랜드입니다.
• 이 책의 내용을 무단 복제하는 것은 저작권법에 의해 금지되어 있습니다.
• 파본이나 잘못된 책은 구입하신 곳에서 교환해 드립니다.

과학과
기술

생각하는 힘을 키워 주는 감.성.지.식.창.고.

어린이 지식

e

8

EBS 지식채널ⓔ 제작팀

지식플러스

생각하는 지식ⓔ로,
기술의 발달을 돌아보며 과학에 대한 지식을 키워요

 지혜로운 사람이란 어떤 사람일까요? 어떤 문제든지 답을 알고 있는 사람일까요? 아니면 반대로 문제를 만들어 내는 사람일까요? 세상에는 답이 있는 문제가 많지만 정해진 답이 없는 문제도 많아요. 시대와 상황에 따라서 정답이 달라지는 문제도 있고, 사람에 따라 정답이 달라지는 문제도 있지요.

 하지만 확실한 건 우리가 앞으로 살아갈 세상은 정해진 답을 따라가기보다 새로운 답을 찾거나 만들어 가는 세상이라는 거예요. 때문에 우리에게는 '세상을 보는 새로운 눈'이 필요해요. 정해진 답을 많이 아는 것보다 상황에 구속되지 않는 열린 사고로 생각하는 힘을 길러야 해요. 우리가 당연하다고 생각했던 것에 '왜?', '어떻게?'라는 질문을 던질 수 있으니까요. 열린 생각으로 새로운 답을 만날 수 있도록 도와주는 성찰적인 지식이 더욱 필요한 거지요.

 EBS 〈지식채널ⓔ〉는 5분 분량의 영상을 통해 성찰적 지식을 제공하는 정보 프로그램이에요. 처음에는 성인들을 대상으로 제작되었지만 프로그램에 대한 관심은 나이를 가리지 않고 생겨났어요. 고정 관념에 구속되지 않는 열린 사고력을 길러 주고 싶은 부모들을 통해서, 교사들을 통해서 많은 어린이가 〈지식채널ⓔ〉를 만나고 있지요. 실제로 많은 초등학교에서 〈지식채널ⓔ〉를 수업 자료로 활용하고 있어요. 이를 위한 초등 교사들의 연구 모임이 따로 있을 정도라고 하네요.

하지만 안타까운 점도 있어요. 어린이들의 입장에서는 〈지식채널ⓔ〉를 접할 때 배경 지식이나 정보가 부족한 경우가 많아요. 아무리 좋은 내용이라도 이해하기에 어려움이 있다면 제대로 익힐 수 없겠죠. 때문에 〈지식채널ⓔ〉 제작 팀과 여러 전문가가 머리를 맞댔어요. 어린이들이 〈지식채널ⓔ〉를 쉽게 이해할 수 있도록 하기 위해서 쉬운 글과 관련 정보를 재미있게 보여 주는 〈어린이 지식ⓔ〉가 만들어졌어요. 방송에서 보여 준 내용을 어린이들의 눈높이에 맞춰 흥미롭게 재구성한 책이에요.

〈어린이 지식ⓔ-과학과 기술〉에는 과학과 기술이 어떻게 시작되고 발전해 왔는지에 대한 이야기가 실렸어요. 〈지식채널ⓔ〉에서 방송된 재미난 이야기에 과학적 자료와 해설을 덧붙여 이해하기 쉽도록 했지요.

지금 우리가 편리하게 살 수 있는 것은 과학과 기술의 발전 덕분이에요. 인류가 호기심을 가지고 편리한 삶에 대한 아이디어를 내고, 기술을 발달시켰지요. '사다리 말고 더 높이 올라갈 수 있는 도구는 없을까?', '멀리 있는 사람과 직접 이야기할 방법은 없을까?', '우주의 별들은 얼마나 멀리 있을까?' 등 생활 속에서 일어나는 호기심을 풀어 가면서 말이에요.

과학은 더 나은 미래, 더 나은 삶을 꿈꾸면서 생겨난 학문이에요. 인류는 과학을 발전시키기 위해 '왜?'라는 질문을 끊임없이 반복하며 그 해답을 얻으려고 노력해 왔어요. 앞으로 우리가 살아갈 더 나은 세상을 위해서 여러분도 항상 '왜?'라는 질문을 던지며 더 나은 아이디어를 내야 해요.

〈어린이 지식ⓔ-과학과 기술〉을 통해 과학적인 잠재력을 키우고 글로벌 인재로 자라날 수 있는 발판을 만들어 가기를 바라요.

목차

아이디어, 과학의 세계를 열다

문명의
세계로 나아가다

더 편리하게, 더 간단하게
〈아이디어 그리고 아이디어〉

★ 발명은 아이디어에 아이디어를 덧붙여 가는 것

인류가 도구를 사용하면서 문명이 발달하기 시작했다.
그리고 현재 인류의 생활은 수많은 도구들로 더없이 편리해졌다.
사람들이 끊임없이 새로운 도구를 발명해 온 덕분이다.
새로운 발명의 아이디어는 처음 어떻게 시작되는 것일까?

이전의 것에
덧붙여지는
더 새로운 아이디어

새로운 아이디어는
우리의 삶을 바꾸어 놓는다.

조금 더 편리하게
조금 더 쉽게
조금 더 간단하게.

 꼭 발명하고 싶은 특별한 아이디어가 있다면 무엇인가요?

"엎드려서 걸레질하기 힘들어!
청소기에 걸레가 달려 있으면 편리할 텐데……."

일반 청소기를 보고
청소기에 걸레를 씌워서

서서 방을 닦을 수 있는
'스팀 청소기'를 발명한
가정주부.

누구나 편리하게 문자 메시지를 보낼 수 있는

휴대 전화의 '천지인 키보드' 입력 방식은

[ㅇ] [ㅣ] [•] [•] = 야

[ㅇ] [•] [•] [ㅣ] = 여

"조금 더 편리하게

문자를 입력할 수는 없을까?"

생각에 생각을 더해

[ㅇ] [ㅣ] [:] = 야

[ㅇ] [:] [ㅣ] = 여

천지인 키보드 : 삼성전자에서
개발한 휴대폰의 한글 입력 방식

천지인 더블 키보드 : 기존 천지인 자판에
모음 4개를 추가하여 문자를 더 빠르게
입력하도록 만든 한글 입력 방식

더 쉽게 문자를 입력할 수 있는 방식을 발명,

'천지인 더블 키보드'로 특허를 낸

중학생.

어느 나라에서도

과거 어느 때에도

세상 누구에게도

알려진 적 없는

새로운 아이디어를 공개했을 때

그 대가로 받을 수 있는 특별한 권리

특허.

특허 : 발명품의 소유권을
특정인에게 주는 일

새로운 발명을 공개해

특허를 받은 사람에게는

일정 기간

독점적 권리를 갖도록 해 준다.

독점 : 개인이나 어떤 단체가 생산과
시장을 혼자서 모두 차지하는 것

1837년 발명된

전신기

멀리 있는 사람에게

메시지를 전해 주던 기기

1860년 독일에서 발명된

텔레폰

> ★★ 텔레폰 : 독일의 과학자
> 필리프 라이스(1834~1874)가
> 발명한 초기 전화기의 한 형태인
> 소리를 전달하는 장치

소리를 멀리까지 전달하는 장치

> ★★ 그레이엄 벨(1847~1922) : 영국 출생.
> 미국의 과학자이자 발명가

그레이엄 벨은

이러한 문자의 전달이나
소리의 전달에 덧붙여

말을 전달할 방법을 연구하고 연구했다.

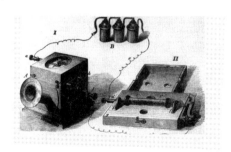

드디어 1876년, 그레이엄 벨은
실용적인 전화기를 발명하고
특허를 얻게 된다.

벨이 받은 최초의 전화기 특허는
산업에 이용할 수 있고
새로우며
전보다 더 발전된
아이디어.

이후 사람들은
전화기에 대한 아이디어를
여기에서 멈추지 않고
더 새로운 전화기를 계속 발명해 냈다.

한 손으로 통화할 수 있는 일체형 전화기,
긴 전화 번호를 손쉽게 누를 수 있는
버튼식 전화기,
집 밖에까지 들고 나갈 수 있는 무선 전화기.

아이디어 그리고 아이디어.

나는 나 이전의 마지막 사람이
멈추고 남겨 놓은 것에서 출발한다.
_(토머스 에디슨, 미국 특허청 최다 특허 보유자)

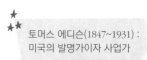

토머스 에디슨(1847~1931) :
미국의 발명가이자 사업가

최초의 발명인에게 주는 권리, 특허

특허란 최초로 발명을 한 사람에게 일정 기간 동안 독점적인 권리를 주는 것이에요. 이를 통해 기술 개발을 북돋우고 발명을 보호해 산업 발전을 이룩하기 위해 만든 제도지요. 특허를 얻어 낸 사람은 발명한 것을 마음대로 생산, 판매, 양도 등을 할 수 있어요. 다른 사람이 그 발명품을 사용할 때는 특허권을 가진 사람에게 허락을 받거나 비용을 지불해야 해요. 새로운 것을 발명했을 때는 되도록 빨리 특허청에 등록을 해야 해요. 만약 똑같은 발명을 한 사람이 있을 경우, 먼저 등록한 사람이 특허권을 얻게 되기 때문이지요.

우리나라에는 언제 특허 제도가 생겼을까요? 1908년에 '대한 제국 특허령'이 처음으로 공포되었어요. 이때 말총 모자를 발명한 정인호가 최초로 특허를 따냈지요. 그리고 1949년에 특허국이라는 작은 부서가 정식으로 생겨났고, 1977년에 특허청이 만들어졌어요. 우리나라에서는 특허를 얻은 날로부터 20년 동안 특허권을 가질 수 있어요. 이 기간은 나라마다 달라요.

발명은 새로운 아이디어와 과학적인 기술을 통해 세상을 편리하게 해 주는 물건을 만들어 내는 일이에요. 하지만 아무것도 없는 '무'에서 '유'를 창조하는 경우는 별로 없어요. 이전에 있던 것에 아이디어를 덧붙여 더 나은 것을 발명하는 경우가 많지요. 니트로글리세린이라는 폭발력이 강한 합성물이 있었기 때문에 노벨이 다이너마이트를 발명할 수 있었고, 비행기 연구에 대한 신문 기사를 보았기 때문에 라이트 형제가 비행기를 발명할 수 있었어요. 전화기 역시 벨이 발명하기 전에 다른 사람들의 수많은 연구가 있었기 때문에 그것을 바탕으로 전화기를 발명하고 특허를 받을 수 있었어요.

그레이엄 벨

영국 에든버러 태생인 알렉산더 그레이엄 벨(Alexander Graham Bell, 1847~1922)은 전화기를 발명했어요. 1870년대에는 멀리 있는 사람에게 메시지를 전달하기 위해 전신기를 사용했어요. 전신기는 한 번에 하나의 메시지만 보낼 수 있었지요. 사  람들은 한 번에 여러 개의 메시지를 보내는 방법이 없을까 생각하다가 글자가 아닌 목소리가 전해질 방법을 연구했어요. 벨도 조수인 토머스 왓슨과 함께 연구를 한 결과 전화 발명에 성공했어요. 1876년 3월 10일, 벨이 발명한 전화기로 "왓슨, 이리 와 봐! 자네가 필요하네(Mr. Watson, Come here! I want you.)."라는 말을 한 것이 최초의 통화였대요. 벨이 특허를 받았을 당시 사람들은 전화기를 실제로 사용할 생각을 하지 못했어요. 그렇지만 1877년에 벨이 전화 회사를 설립한 뒤로, 10년 만에 수많은 세대의 미국 가정에 전화기가 보급됐어요.

전화기를 최초로 발명한 사람은 누구?

그레이엄 벨은 1876년에 가장 먼저 전화기 특허를 얻어 냈어요. 하지만 실제로 전화기를 처음 발명한 사람이 누구인지에 대해서는 의견이 많아요. 이탈리아 태생의 미국 과학자 안토니오 무치(Antonio Meucci, 1808~1889)는 1871년에 전화기를 발명하고 임시 특허를 냈어요. 하지만 돈이 없어서 정식으로 특허를 내지 못하는 사이, 벨이 1876년에 특허를 얻게 되었어요. 또 미국의 발명가 엘리샤 그레이(Elisha Gray, 1835~1901)는 벨과 같은 날 전화기 특허를 신청했지만, 벨이 조금 더 빨리 특허를 얻어 내 아쉽게 특허권을 놓쳤다고 해요.

누가 최초로 전화기를 발명했는가에 대한 논란은 아직도 남아 있어요. 그러나 실제로 누가 더 빨리 발명했든 벨이 전화기에 대한 특허를 가장 먼저 얻어 냈기 때문에 최초의 전화 발명가로 기억되고 있답니다.

발명의 날

예부터 우리 선조들은 세계에 빛날 새로운 발명을 많이 했어요. 세종대왕은 우리가 읽고 쓰는 글자인 훈민정음을 창제했고, 이순신 장군은 거북선을 만들어 임진왜란 때 우리나라를 지켜 냈어요. 조선 시대 정약용은 무거운 돌을 옮길 수 있는 거중기를 발명해 수원 화성을 쉽게 쌓을 수 있었지요. 또 우리나라는 세계 최초로 금속 활자를 발명하기도 했어요.

이러한 민족의 우수한 발명 정신을 이어 가기 위해 나라에서는 1957년에 5월 19일을 '발명의 날'로 정했어요. 5월 19일은 1441년 장영실이 강우량을 측정하여 백성들이 농사짓는 데 도움을 준 측우기를 세계 최초로 만든 날이기도 해요. 발명의 날에는 우수한 발명을 한 사람들에게 상을 주고 발명 대왕을 선정하여 축하해 준답니다.

재미있는 발명과 특허 이야기

이태리타월

때를 미는 데 쓰는 이태리타월도 유명한 발명품이에요. 흔히 때수건이라고도 하지요. 이태리타월을 발명한 사람은 한국인 김필곤(1932~2001)으로 1962년에 특허를 얻었어요. 이태리타월은 이탈리아에서 수입한 섬유로 만들었다고 해서 붙여진 이름으로, 실제 이탈리아에서는 때수건을 사용하지 않아요.

1950년대 우리나라 사람들은 때를 밀 때, 수건을 말아 쓰거나 수건 안에 돌을 넣어 사용했어요. 김필곤은 이탈리아에서 수입한 비스코스 레이온 섬유의 거칠거칠한 표면을 보고 때를 미는 데 사용하면 좋을 것 같다고 생각해 이태리타월을 발명하게 되었어요. 그리고 때를 미는 데 편리하도록 사각형의 주머니 모양으로 만들었지요. 장갑처럼 손에 끼도록 한 간단한 발명품이었는데 생산되자마자 많은 사람이 사용해 널리 퍼졌어요.

수세식 변기

수세식 변기, 즉 변기 안의 오물을 물로 씻어 내려보내
는 변기는 1596년 영국의 유명 작가인 존 해링턴(John
Harington, 1561~1612)이 처음 발명했어요. 그전에는 땅에

| 브라마의 수세식 변기

구멍을 파서 변소를 만들거나 나무 아래 혹은 강가에서 용변을 보았지요. 또
요강을 사용하기도 했어요. 존 해링턴은 발명한 수세식 변기를 영국 여왕 엘
리자베스 1세에게 만들어 주기도 했는데 대중에게는 널리 보급되지 못했어요.
그 후 1775년경 영국의 알렉산더 커밍스(Alexander Cummings, 1731/2~1814)가 용
변의 냄새가 올라오지 않도록 하는 S자형 밸브를 개발하면서 수세식 변기가
본격적으로 발달하기 시작했어요. 그리고 1778년 영국의 조셉 브라마(Joseph
Bramah, 1748~1814)는 변기의 아래쪽에 하수구 냄새를 막는 밸브 장치를 한 현대
식 수세식 변기를 발명해 특허를 얻었어요. 이러한 수세식 변기의 발명으로
인류는 집 안에 쾌적한 화장실을 두고 편리하게 생활하게 되었답니다.

브래지어

브래지어가 나타나기 전에는 딱딱한 코르셋이 여성들의 속옷이었어요. 1889
년 프랑스의 헤르미니 카돌(Herminie Cadolle, 1845~1926)이 코르셋의 아랫부분을 자
르고 최초의 브래지어를 만들었어요. 이후 1910년대 초반 미국의 메리 펠프스
제이콥(Mary Phelps Jacob, 1891~1970)에 의해 현대식 브래지어가 만들어졌지요. 메
리 펠프스 제이콥은 어느 날 새로 산 얇은 이브닝드레스를 입고 파티에 갈 준
비를 했어요. 그런데 옷감이 얇아 속이 비쳐 보이자 손수건 두 장을 리본 모양
으로 묶어 짧은 브래지어를 만들었는데 사람들에게 인기가 좋았어요.
이후, 메리는 커레서 크로스비(Caresse Crosby)로 이름을 바꾸고 미국 특허청에 디
자인을 제출해 1914년 11월 특허를 얻었어요. 우리나라에는 1960년대에 브래
지어가 들어왔는데, 그전에는 한복 안에 속적삼을 입거나 명주로 가슴을 둘둘
말았었다고 해요.

02 높이 더 높이
〈100층을 오르기까지〉

★ 엘리베이터의 발달에 따라 건물이 높아졌다

사다리를 만들어 한 발씩 위로 올라갔던 원시 시대부터
100층을 몇 분 만에 올라가는 엘리베이터가 만들어지기까지
수만 년의 시간이 걸렸다.
편리한 엘리베이터가 만들어지게 된 역사를 알아보자.

높은 층으로
빠르게
올라갈 수 있는
엘리베이터.

블라인드나
스키 리프트가
올라가고 내려가는 것처럼

블라인드 : 창문에 달아 바람이나
햇빛을 가리는 물건

스키 리프트 : 스키장을
오르내리며 사람들을 실어 나르는
의자식의 탈것

도르래의 원리를 이용해
힘의 크기를 조절하고,
힘의 방향을 바꾸며 움직이는
엘리베이터.

엘리베이터는
어떻게 발달해 왔을까?

 높은 곳에 올라가는 방법에는 어떤 것이 있을까요?

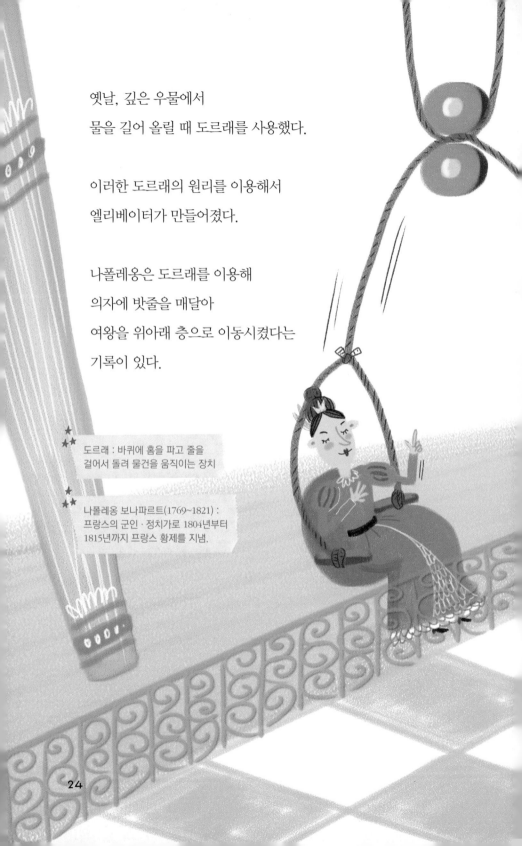

옛날, 깊은 우물에서
물을 길어 올릴 때 도르래를 사용했다.

이러한 도르래의 원리를 이용해서
엘리베이터가 만들어졌다.

나폴레옹은 도르래를 이용해
의자에 밧줄을 매달아
여왕을 위아래 층으로 이동시켰다는
기록이 있다.

★★ 도르래 : 바퀴에 홈을 파고 줄을
걸어서 돌려 물건을 움직이는 장치

★★ 나폴레옹 보나파르트(1769~1821) :
프랑스의 군인 · 정치가로 1804년부터
1815년까지 프랑스 황제를 지냄.

하지만
초창기의 엘리베이터는

공중에 매달려 오르내리다
줄이 끊어지면
바로 추락 사고가 나는
안전하지 못한 것이었다.

사람들은 고민했다.
'안전한 엘리베이터는 없을까?'

1853년 엘리샤 오티스가
밧줄이 끊어져도
추락하지 않는
안전장치를 발명하면서

> ★
> ★★ 엘리샤 오티스(1811~1861) :
> 미국의 발명가. 엘리베이터 발명

엘리베이터는
급속히 발달한다.

> ★
> ★★ 하우워트 백화점 : 뉴욕의 5층짜리
> 건물로 최초로 엘리베이터가 설치됨.

1857년 뉴욕의 하우워트 백화점에
최초로 승객용
엘리베이터 설치

> ★
> ★★ 에른스트 베르너 폰 지멘스(1816~1892) :
> 독일의 전기 기술자이자 발명가

1880년
에른스트 베르너 폰 지멘스가 세운
지멘스사는 전기로 움직이는
엘리베이터를 개발한다.

> ★
> ★★ 지멘스(Siemens AG) :
> 1847년 지멘스가 설립한 독일의
> 전기 · 전자 기기 제조 회사

안전한 엘리베이터의 발명으로
건물들은 더 빠르게 높아지고

기술의 발달과 함께
엘리베이터의 속도는 더욱더 빨라졌다.

높이 800m가 넘는
세계에서 가장 높은 빌딩
부르즈 할리파의 160여 층을
초속 10m로 올라가는
엘리베이터.

부르즈 할리파 :
아랍 에미리트 두바이에 있는
828m의 고층 건물

엘리베이터는 사람이 움직이지 않아도
최단 거리를 수직으로 이동해
높은 곳으로 금세 데려다 준다.

이제
높은 층까지
빠르고 손쉽게 올라가는 것이
당연한 것처럼 보이는 세상

그러나
100층을 올라가는 데 걸린 시간은
몇 분이 아닌
수만 년.

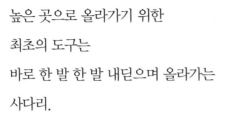

높은 곳으로 올라가기 위한
최초의 도구는
바로 한 발 한 발 내딛으며 올라가는
사다리.

사다리가 발명된 이후
수만 년이 흘러
드디어
100층을 올라갈 수 있게 된 것이다.

결코 쉽고 빠르게
이루어지는 것은 없다.

힘들면 잠시 멈출 수도 있고
지치면 방향을 잃고
아래로 내려갈 수도 있지만

포기할 이유란 없다.

엘리베이터가
100층을 오르기까지
오랜 시간이 걸린 것처럼

모든 일은 열정을 가지고
포기하지 않고
꾸준히 하면
놀라운 결과를 얻을 수 있다.

엘리베이터, 더 높이 더 빠르게

고층 건물의 역사는 엘리베이터가 발명되면서 시작되었다고 볼 수 있어요. 엘리베이터 만드는 기술이 점점 발달해 더 안전해지고 더 빨라지면서 세계 곳곳에 들어서는 고층 건물의 높이도 차츰 높아졌어요. 고층 건물이 드물던 1931년 미국 뉴욕 시에 지어진 102층 높이의 엠파이어 스테이트 빌딩은 오랫동안 세계 최고의 높이를 자랑했던 건물이에요. 지상 높이만 381m인 엠파이어 스테이트 빌딩에는 73개의 엘리베이터가 있답니다.

한국의 엘리베이터는 100여 년의 역사를 가지고 있어요. 1910년, 조선은행(지금의 한국은행 화폐 금융 박물관)에 화물 운반용으로 처음 설치되었고, 승객용 엘리베이터는 1914년 철도 호텔(지금의 웨스턴 조선 호텔)에 가장 먼저 설치되었어요.

엘리베이터는 대부분 바퀴와 케이블을 이용한 도르래의 원리로 움직이지만 줄이 없는 엘리베이터도 있어요. 줄 대신 자석 레일을 설치한 것이지요. 또, 2층 버스처럼 위아래 층이 붙어 있는 엘리베이터도 있어요. 세상에서 가장 빠른 엘리베이터는 타이완의 타이베이 금융 센터 건물 안에 있는 엘리베이터예요. 달리는 자동차와 같은 속도인 시속 약 60km로 움직일 수 있어요.

엘리베이터, 어떻게 시작되었을까?

기원전부터 사람들은 무거운 물건을 들어 올리거나 전쟁터에서 무기를 옮길 때 도르래를 많이 사용해 왔었어요. 도르래의 원리를 이용해 만든 엘리베이터의 작동 원리는 그때부터 알아냈다고 할 수 있지요. 엘리베이터의 시초는 물건을 옮길 때처럼 바구니에 사람을 태우거나 의자에 앉힌 뒤 줄에 매달아 사람들이 직접 밧줄을 잡아당기는 형태였어요. 공중에 대롱대롱 매달려 있어 떨어지면 큰 사고를 당할 수 있는 위험한 모양새였지요. 그러다 차츰 안전성을 갖추어 가며 발달했어요.

엘리샤 오티스(Elisha Graves Otis, 1811~1861)는 1853년에 안전장치가 설치된 안전한 엘리베이터를 개발했어요. 뉴욕의 한 침대 제작 회사에서 일하던 오티스는 침대들을 맨 위층으로 올리기 위해 고민하고 있었어요. 오티스는 철도 회사에서 안전 브레이크를 만든 경험이 있었기 때문에 안전한 엘리베이터를 만드는 방법을 생각해 낼 수 있었지요. 1853년, 오티스는 새로운 엘리베이터가 얼마나 안전한지 사람들에게 보여 주기 위해 뉴욕 국제 박람회에서 직접 엘리베이터에 연결된 줄을 끊어 자신이 떨어지지 않는다는 것을 실험해 보였어요. 이후 오티스는 '오티스 엘리베이터' 회사를 만들었으며, 현재는 전 세계의 많은 엘리베이터를 만드는 다국적 기업이 되었어요.

지금과 같은 형태의 엘리베이터는 독일의 전기 기술자 에른스트 베르너 폰 지멘스(Ernst Werner von Siemens, 1816~1892)가 처음 만들었고, 1880년 그가 세운 독일의 지멘스 회사에서 전기 엘리베이터를 개발했어요.

정말 만들어질 수 있을까? 우주 엘리베이터

미국 항공 우주국(NASA)은 우주까지 연결된 엘리베이터를 계획하고 있어요. 지구와 자전 주기가 같은 정지 궤도에 있는 위성을 지구의 한 지점과 케이블로 연결해 엘리베이터를 운행하려는 것이지요. 정지 궤도에 있는 위성은 지구와 같은 주기로 돌기 때문에 케이블이 항상 직선을 유지할 수 있어 이론상으로는 가능해요. 하지만 실제로는 우주 엘리베이터를 만들 수 있는 튼튼한 재료를 구하는 것과 안전성을 갖추는 것이 어려울 수 있어요. 과연 가까운 미래에 우주 엘리베이터를 탈 수 있을까요?

03 편리하고 밝고 따뜻한
〈전기가 나에게 오기까지〉

★ 고마운 전기, 편리한 만큼 위험성도 크다

우리 생활에 없어서는 안 되는 필수 에너지, 전기.
그런데 전기는 만들어져 우리에게 전달되는 과정에서
수많은 위험 물질을 발생하고, 환경 오염을 초래한다.
전기가 만들어져 우리에게 오기까지의 과정을 알아보자.

어두운 밤을 밝게 비춰 주고
추운 겨울에는 따뜻하게
더운 여름에는 시원하게 해 주는
전기.

화력 발전소,
원자력 발전소,
수력 발전소,
조력 발전소.

여러 종류의 발전소에서 만들어지는
전기.

전기가 만들어져 나에게 오기까지
무슨 일들이 일어날까?

 전기가 없다면 가장 불편한 점은 무엇일까요?

화력 발전소는

우리나라 전력의 60% 이상을 생산한다.

_(한국전력 통계, 2014. 11.)

★
★★ 화력 발전소 : 석탄, 석유 등을 가열하여
생긴 열에너지에서 전기를 얻는 발전소

그런데

석유, 천연가스 등 화석 연료를 이용해

전기를 얻는 과정에서

먼지, 황산화물, 질소산화물 등의

대기 오염 물질과 폐수, 폐기물을 발생시키고

지구 온난화를 일으키는 온실가스를 배출한다.

★
★★ 온실가스 : 지구 대기를 오염시켜
온실 효과를 일으키는 가스

원자력 발전소는

우리나라 전력의 약 28.7%를 생산한다.

_(한국전력 통계, 2014. 11.)

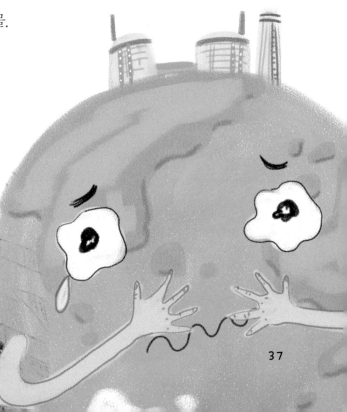

원자력 발전소 : 원자의
핵분열로 얻은 열에너지에서
전기를 얻는 발전소

그런데

원자핵이 분열할 때 생기는

열에너지를 이용해 전기를 얻는 과정에서

고준위 방사성 폐기물이 발생한다.

고준위 방사성 폐기물 :
방사선의 방출 정도가
아주 높은 폐기물

이것은

사람에게 각종 질병을 일으킬 수 있어서

10만 년 동안 인간과 격리되어야 하는

위험한 폐기물.

원자력 발전소나 화력 발전소는

인구가 적고 전력 소비가 적은
지방에 주로 있다.

그래서 전력 소비가 많은 도시로
이동시켜야 하는 전기.

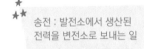
전력 : 일정 시간 동안 전기 장치에
전해지는 전기 에너지의 크기

이동 과정에서
전력의 손실을 최대한 막기 위해
초고압으로 전압(V)을 높여 송전한다.

전압 : 전류의 세기

15만 4000V

34만 5000V

76만 5000V

송전 : 발전소에서 생산된
전력을 변전소로 보내는 일

이렇게 높은 전압이 된 전기는
고압 전선을 타고
농촌과 산간 지역을 지나
소비자가 많은 지역으로 이동한다.

그런데
효율적인 전기 송전에 필요한
고압 전선은
사람들에게 해로운 전자파를
발생시킨다.

전자파 : 전기와 자기의 흐름에서
발생하는 전자기 에너지의 한 가지

인류의 생활에
필수적인 에너지
전기

우리가 필요할 때마다
언제 어디서나 사용하는
전기

하지만
전기를 생산할 때마다
사람들에게 해를 끼치는
환경 오염 물질도 함께 만들어진다.

따뜻하게
시원하게
밝게
편리하게 해 주는

고마운 전기.

전기를 더욱 소중하게 생각하고
아끼는 것이
전기 절약은 물론,

바로
환경을 보호하는 일이다.

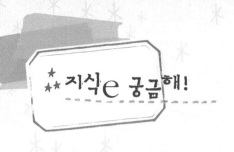

전기는 어떻게 만들어질까?

전기는 발전소에서 기계적 에너지나 열에너지를 전기 에너지로 바꾸어 만들어요. 전기를 만드는 발전소는 여러 종류가 있어요. 높은 곳의 물을 낮은 곳으로 떨어뜨려서 얻는 에너지로 전기를 얻는 수력 발전소, 석탄·석유·천연가스와 같은 화석 연료에 열을 가해 뜨거운 증기를 만들고 이를 이용해 전기를 얻는 화력 발전소, 원자로 안의 핵분열을 이용해 전기를 얻는 원자력 발전소가 있어요. 또, 바람을 이용한 풍력 발전소, 밀물과 썰물의 차를 이용한 조력 발전소, 태양 전지를 이용한 태양광 발전소 등이 있어요.

발전소는 전기 공급을 위해 꼭 필요한 시설이지만 전기를 만드는 과정에서 환경 오염을 일으키는 문제점을 안고 있어요. 그래서 환경 오염을 줄일 방법을 여러 가지로 연구하고 있어요. 화력 발전소에서 나오는 부산물을 사용해 콘크리트를 만들기도 하고, 또 원자력 발전소에서 나오는 방사성 폐기물은 지하에 격리시켜 철저히 보관하거나 다시 사용하는 등 여러 가지 해결책을 마련하고 있어요.

그리고 새로운 전력 자원을 개발하고 전기의 안정성을 높이기 위한 일도 꾸준히 연구하고 있어요. 전기를 안전하게 전달하기 위해 해저 케이블을 건설하거나 풍력 사업과 같은 신재생 에너지 개발에도 힘쓰고 있답니다.

후쿠시마 원전 사고

2011년 3월 11일, 일본 도호쿠 지역 앞바다에서 강도 9.0의 큰 지진과 지진 해 일이 일어났어요. 이로 인해 후쿠시마의 원자력 발전소가 바닷물에 잠겨 발전소에 있던 방사성 물질이 외부로 흘러나오는 바람에 주변의 넓은 땅과 물이 오염되었어요.

후쿠시마 지역의 땅에서는 골수암을 유발하는 스트론튬이라는 물질이 검출되고, 바다에 녹아든 방사능 물질은 태평양까지 흘러들어 바닷속 생물에 심각한 오염을 일으켰어요. 사고 직후, 일본 정부는 원자력 발전소 주변에 살고 있던 주민들을 대피시켰음에도 불구하고 갑상선암 등 심각한 병을 가진 환자가 늘어나고 있다고 해요. 이 사고로 말미암아 원자력 발전의 문제점이 널리 알려지면서 세계적으로 원자력 발전소를 없애야 한다는 의견도 많아지고 있어요.

태양광 에너지 마을, 광주 신효천 마을

태양광 발전은 빛을 모아 높은 열을 내서 물이나 기름을 데우는 태양열 발전과는 전기를 만드는 방법이 약간 달라요. 태양광 발전은 열을 모으는 것이 아니라 빛을 직접 전류로 바꾸는 장치를 사용해요. 광주광역시 남구 신효천 마을은 이러한 태양광 발전을 이용한 마을로 유명해요.

신효천 마을 주민들은 2004년부터 태양광 시스템을 설치해 전기료를 많이 아끼고 있다고 해요. 마을 사람들은 '계량기의 계기판 바늘이 거꾸로 돌아간다.'고 말해요. 보통, 집에 있는 계량기는 전력이 소비되면 바늘이 오른쪽으로 도는데, 태양광으로 전력이 생산되면 전기가 충전되어 바늘이 왼쪽으로 돈다는 뜻이지요.

태양광 발전은 공해를 발생시키지 않고 태양 빛을 무료로 얼마든지 사용할 수 있는 장점이 있어요. 하지만 처음 설치 비용이 비싸고, 일사량에 따라 전력 생산량의 차이가 많이 나는 단점도 있답니다.

빛의 속도로 퍼져 나가는
〈전파의 세계〉

★ 빛의 속도로 정보를 실어 나르는 전파

우주 공간처럼 아무것도 없는 곳에서도 퍼져 나가는 전파.
텔레비전, 전화 등을 사용할 수 있는 것도 전파 덕분이다.
무수히 많은 정보, 무수히 많은 소리, 무수히 많은 소식을
실어 나르는 전파의 세계에 대해 알아보자.

휴대 전화로

친구와 이야기를 할 수 있는 것은,

리모컨으로 채널을 돌리며

텔레비전을 볼 수 있는 것은,

라디오로

아름다운 음악을 들을 수 있는 것은

내 주변에서 끊임없이

움직이고 있는 전파 덕분이다.

전파란 무엇일까?

전파 : 진동 전류에 의해 에너지가
공간으로 퍼져 나가는 현상

 집에 전파를 이용해 작동되는 것은 어떤 것들이 있나요?

파동은
진동이 전달되어 퍼져 나가는 것

줄의 한쪽 끝을 잡고 흔들면 파동이 보인다.
막대기로 물 위를 가만히 두드려 보면 파동이 보인다.
소리는 공기를 타고 전해진다.

이런 물결이나 음파 등의 파동은
멀리 퍼져 나가면
어느 순간 사라지게 된다.

그러면
전파는 어떨까?

1864년 영국의 과학자 맥스웰이

전자기파를

이론적으로 제시하고

제임스 클러크 맥스웰(1831~1879) :
영국의 물리학자

전자기파 : 전기장과 자기장이 전달
물질에 구애 받지 않고 주기적으로
변화하면서 퍼져 나가는 현상

1887년경
독일의 과학자 헤르츠가
전기 불꽃 실험을 통해
전자기파의 존재를 증명한다.

하인리히 루돌프 헤르츠(1857~1894) :
독일의 물리학자. 주파수의 발견자

줄을 타고 전해지는 파동이나
수면을 타고 전해지는 파동,
공기를 타고 전해지는 음파와 달리

전자기파는
우주 공간처럼 아무것도 없는 곳에서도
퍼져 나간다.

전자기파는 파장의 길이에 따라
여러 종류로 나뉜다.

파장의 길이가 400~800nm인
사람의 눈으로 볼 수 있는 빛
'가시광선'

★
★★ 파장 : 파동이 일정한 주기
동안 나아가는 거리

★
★★ 나노미터(nm) : 빛의 파장같이
짧은 길이를 나타내는 단위.
1nm는 1m의 10억분의 1

가시광선보다 파장이 짧고
태양과 같은 고온 물체에서 나오는
'자외선'

자외선보다 파장이 짧고
물질을 투과하는 능력이 있는
'X선'

가시광선보다 파장이 길고
투과력이 강한
'적외선'

그리고
적외선보다 파장이 긴
'전파'.

전파는
전자기파의 한 종류이다.

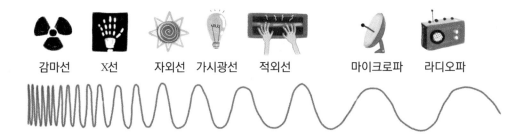

감마선　　X선　　자외선　가시광선　적외선　　　마이크로파　라디오파

1896년 마르코니가
약 3km 떨어진 곳에 전신을 보낸
무선 전신 실험이 성공한 이후

전파는 일정한 길이의 파장들에
정보를 실어 나르기 시작한다.

★★ 굴리엘모 마르코니(1874~1937) :
이탈리아 물리학자. 라디오 전신
체계 발명

★★ 무선 전신 : 전선을 사용하지
않고 문자나 숫자를 주고받는
통신 방식. 무선이라고도 함.

1912년,
승객 2200여 명을 태운
호화 여객선 타이타닉 호가
빙산에 충돌하여 침몰하던 당시
구조 요청에 쓰인
무선 전신.

먼 거리에서
통신할 수 있게 해 주는
무선 통신, 이동 통신.

★
★★ 무선 통신 : 전파를 이용해 전선
없이 정보를 전달하는 통신 기술

★
★★ 이동 통신 : 이동하면서
무선으로 통신하는 방법

스위치만 켜면
어디서든 볼 수 있고 들을 수 있는
AM · FM 라디오 방송,
텔레비전 방송.

★
★★ AM·FM : 음성 신호를 전파에 싣는
방법의 하나. AM은 잡음이 많지만
멀리 뻗어나가고, FM은 AM에 비해
음질이 좋지만 도달 거리가 짧다.

이 모든 것을 가능하게 해 주는
전파.

저 멀리
별의 존재를 알려 주는 빛처럼

먼 곳의
이야기를 전해 주는
전파

전파는 빛이나 소리보다
공기 중에서 잘 사라지지 않기 때문에
원하는 정보를 멀리까지 보낼 수 있다.

한 안테나로부터

또 다른 안테나를 향해 공간에 발사되어

초속 30만km의 빛의 속도로 퍼져 나가는

무수히 많은 정보

무수히 많은 소리

무수히 많은 소식들.

조용한 듯 보이지만

결코 고요하지도, 단순하지도,

조용하지도 않은 전파의 세계.

지금 이 순간에도

무수히 많은 전파가

내 주변에 흐르고 있다.

파동 그리고 전자기파

한 지점의 진동이 다른 곳으로 전달되는 것을 파동이라고 해요. 눈에 보이는 파동을 보고 싶다면 물 위에 돌을 던져 보면 알 수 있어요. 이때의 물결파는 어느 정도 퍼져 나아가다 사라지지요. 소리나 지진과 같은 파동도 마찬가지예요. 하지만 빛의 파동은 먼 우주를 지나서도 사라지지 않아요. 우리가 멀리 있는 별을 볼 수 있는 것도 이런 이유 때문이에요. 빛은 똑바로 곧게 나아가는 성질을 가지고 있는데, 속도가 30만 km/초로 지구에서 달까지 가는 데 1초밖에 걸리지 않아요. 빛의 파동은 전기장과 자기장으로 이루어져 있기 때문에 전자기파라고 해요.

전자기파는 파장의 길이에 따라 여러 가지로 나뉘어요. 파장의 길이가 가장 긴 라디오파부터 병원에서 치료를 받을 때나 탐사 장비에 쓰이는 적외선, 눈에 보이는 빛인 가시광선, 피부를 까맣게 만드는 자외선, 뼈 사진을 찍는 X선, 그리고 파장의 길이가 가장 짧은 γ선(감마선)까지 모두 전자기파예요. 전자기파의 특징은 전달하는 매개물이 없어도 나아갈 수 있다는 점이에요. 공기 중에서는 물론 우주에서도 전달될 수 있어요.

전자기파의 존재를 증명한 헤르츠

하인리히 루돌프 헤르츠(Heinrich Rudolf Hertz, 1857~1894)는 독일의 물리학자예요. 전기 진동에 의하여 생기는 전자파와 전파를 연구했어요. 헤르츠는 전자파를 통해 신호를 보낼 수 있다는 것을 입증해 텔레비전, 라디오 등 방송 기술의 기초를 마련했어요. 지금도 라디오에서 주파수를 안내할 때 '몇 헤르츠(Hz) 방송'이라고 말해요. 이는 헤르츠의 업적을 기리기 위해 주파수 단위를 '헤르츠'라고 정했기 때문이에요. 1Hz는 1초 동안의 진동수를 말해요. 즉, 100Hz는 어떤 진동이 1초에 100번 일어난다는 뜻이지요.

우리 집의 라디오파 & 마이크로파

라디오와 전자레인지 등 전자기파를 이용한 물건은 집에서도 쉽게 찾을 수 있어요. 라디오파는 빛의 속도로 전달되므로 멀리 떨어져 있는 라디오 방송국에서 내보내는 방송을 바로 내 방에서 라디오로 동시에 들을 수 있어요. 라디오파에도 여러 종류가 있는데, 파장의 길이에 따라 텔레비전이나 휴대 전화에도 사용해요.

음식을 데워 주는 전자레인지도 전자기파를 이용하고 있어요. 1초에 약 25억 번 진동하는 마이크로파가 음식에 있는 작은 물 분자를 진동시켜 음식을 따뜻하게 데워 주는 것이지요.

병원에서 쓰이는 X선 & γ선

전자기파는 병원에서도 쓰여요. 바로 몸속에 있는 뼈 사진을 찍을 수 있는 X선이 전자기파예요. X선은 독일의 물리학자 빌헬름 뢴트겐(Wilhelm Roentgen, 1845~1923)이 발견했어요. 지금은 병원에서 흔히 사용하고 있지만, X선을 사람의 몸에 통과시켜 몸속 사진을 찍을 수 있다는 것이 1896년 당시에는 놀라운 충격이었어요. 전자기파의 종류 중 파장이 가장 짧은 γ선(감마선)은 박테리아 등의 균을 제거하거나 암을 치료하는 데 쓰이기도 해요. 간혹 슈퍼 영웅을 묘사한 영화에서 γ선에 노출된 주인공이 에너지를 얻었다는 이야기가 있지만 이는 상상 속에서만 가능한 일이랍니다.

05 사람을 돕기 위해 만들어진 〈적절한 기술〉

★ 태양열을 이용해서 조리하는 '셰플러 조리기'

전기 코드나 가스가 없어도, 나무로 불을 피우지 않고도
태양열로 조리할 수 있는 요리 도구가 있다.
인도의 가난한 사람들의 생활을 윤택하게 만들어 준
셰플러 조리기에 대해 알아보자.

태양의 뜨거운
열에너지를 이용해 조리하는
태양열 조리기.

태양열 조리기를 만들어
그 기술을 무료로
보급하는 사람이 있다.

바로
누구에게나 주어지고
누구나 쉽게 쓸 수 있는
사람들을 돕는
적절한 기술!

그 사람은 왜
기술을 무료로 보급하고 있을까?

 어떤 기술을 개발해서 사람들을 돕고 싶나요?

인구 12억이 넘는 인도는
도시화가 빠르게 진행되고 있지만

아직도 대부분의 사람들이
쇠똥과 나무를 땔감으로 사용하는
전통 방식의 생활을 유지하고 있다.

가족의 하루 세끼 식사를
온전히 책임져야 하는
인도 여성들.

"이른 새벽에 일어나
먹을 곡식을 맷돌로 갈고
밥을 짓기 위해 장작을 모아요."

40℃를 넘나드는 뜨거운 더위 속에서
일주일에 두세 번
땔감을 구하러 나가는 여인들

뜨거운 더위보다 두려운 건
불법 행위인 벌목 단속과
야생 동물의 공격

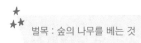
벌목 : 숲의 나무를 베는 것

한 번 나가면 6시간 넘게
산과 들판에 도사리는 위험을 무릅쓰고
땔감을 구해 온다.

하지만 화덕이 집 안에 있는 탓에
땔감이 불에 타면서
온 집 안을 뒤덮는 매캐한 연기

화덕 : 쇠붙이나 흙으로
아궁이처럼 만들어 솥을 걸고
쓰게 만든 물건

이로 인한 폐 질환 환자가
아주 많이 발생한다.

"나무를 대체할
적절한 자원과 기술이 없을까?"

독일로 유학해 환경공학과 유전공학을 공부한
디팍 가디아·시린 가디아 부부.

신기술을 공부하고 인도로 돌아온 이후
"지금 인도에 필요한 건
신기술이 아닌
가난한 사람을 위한 기술입니다."

★★ 디팍 가디아(1955~   ) : 사회적 기업가
겸 과학자. 전 가디아 솔라 대표

★★ 시린 가디아(1951~2011) :
디팍 가디아의 부인.
전 가디아 솔라의 보급 책임자

그리하여
가디아 부부는 사회적 기업인
'가디아 솔라 에너지 시스템'을 설립하고
태양열 조리기를 보급한다.

태양열 조리기는
설치 비용이 싸고 연료가 필요 없으며
오염물 발생이 없고 사용법이 손쉽다.

우리의 궁극적인 목적은 아주 작은 규모,
벽지 지역의 주민들을 위한 것이다.
이것은 인도뿐만 아니라 다른 나라들에도 해당한다.

_(시린 가디아)

★★ 벽지 : 도시에서 멀리 떨어져 있어
교통이 불편하고 문화 혜택이 적은 곳

현재 인도 곳곳에 보급된
태양열 조리기는 50만 개
사용자 수는 210만 명을 넘어선다.

"이제 더 이상
땔감을 구하러 다닐 필요도,
연기 때문에
고통 받을 일도 없어요!"

큰 짐을 벗은 여성들은
대신 밭일에 참여할 수 있게 되어
인도의 농업 생산성이 향상되었다.

또 연기를 마시지 않아 건강해진 여성들은
가족들에게 더 건강한 음식을 만들어 줄 수 있다.

게다가 태양열로 끓인 물은,
인도에서 가장 흔한
수인성 전염병까지 예방한다.

수인성 전염병 : 물이나 음식물에
들어 있는 세균에 의해 전염되는 병.
이질, 장티푸스, 콜레라 등이 있다.

이 모든 것이 가능할 수 있었던 원동력은
태양열 조리기를 발명한
'볼프강 셰플러'.

★
★★
볼프강 셰플러(1956~　) :
오스트리아 태생의 독일 발명가

"탐욕스러운 사람이 없다면
에너지는 모두가 사용하기에 충분할 것이다."

그의 남다른 철학으로

특허를 내지 않은
'셰플러 조리기'.

★
★★
셰플러 조리기 : 셰플러가 만든
태양열을 이용해 요리할 수 있는
조리기

셰플러는 큰돈을 벌 수 있었음에도 불구하고
기술이 필요한 사람들에게
태양열 조리기가 널리 쓰이기를 바라며
특허를 내지 않았다.

그리고
기술이 필요한 곳이면
어느 곳에나 찾아가
'셰플러 조리기' 만드는 기술을 알려 주는
볼프강 셰플러.

기술은 사람을 돕기 위해
만들어지는 것이므로
모두에게 자유롭게 쓰여야 한다.
_(볼프강 셰플러, 태양열 조리기 발명가)

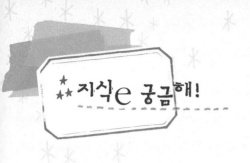

아름다운 발명, 셰플러 조리기

볼프강 셰플러(Wolfgang Scheffler, 1956~　)는 오스트리아 태생의 독일 발명가예요. 셰플러는 아프리카와 저개발 국가 사람들을 돕고 지구의 환경을 보호하기 위해 태양열 조리기를 발명했어요. 실제로 셰플러의 태양열 조리기 덕분에 인도를 비롯해 낙후된 곳에 살고 있는 사람들의 생활이 윤택해졌으며, 나무가 땔감으로 베어지던 것을 줄여 환경을 보호할 수 있었어요.

1982년 셰플러가 발명한 '셰플러 조리기'의 원리는 반사판을 이용해 태양열을 모으고, 그 열을 조리 기구로 보내 음식을 익히는 방식이에요. 태양을 추적하는 시스템이 있어서 따로 조작하지 않아도 태양이 비추는 방향에 맞추어 스스로 움직이며 최대 약 1500℃까지 온도를 올리지요. 셰플러 조리기로는 요리를 하거나 물을 끓일 수 있으며, 데운 물을 이용해 전기를 생산할 수 있어요. 열을 저장해 두었다가 밤이나 겨울에 사용할 수도 있어요.

셰플러는 아프리카와 인도 등 제3세계를 방문해 셰플러 조리기 만드는 기술을 무료로 알려 주고 있어요. 셰플러 조리기에 대해 특허를 얻어 내면 큰돈을 벌 수 있었지만, 세상 모든 사람들이 쉽게 사용할 수 있도록 일부러 특허를 내지 않았다고 해요. 셰플러 조리기는 현재 세계 20개국이 넘는 개발 도상국에서 사용되고 있어요. 이중 인도에서 가장 많이 사용되고 있는데 일반 가정에서는 물론 병원과 회사 등에서도 셰플러 조리기를 이용해 일반 보일러를 대체하는 효과를 내고 있어요. 셰플러 조리기 제작 방법을 알려 주기 위해 세계 여러 곳을 찾아다니는 셰플러는, 세계 곳곳에 셰플러 조리기가 더 많이 보급되어 지구의 녹색 성장에 도움이 되기를 바란다고 했어요.

놀면서 에너지를 만드는 소켓 볼

소켓 볼(Soccket ball)은 축구를 할 때 발생하는 운동 에너지를 전기 에너지로 바꾸어 주는 축구공이에요. 미국의 비영리 업체인 언차터드 플레이(Unchartered Play)가 개발한 소켓 볼은 2009년 하버드 대학교 학생들이 생각해 낸 발명품이에요. 전기가 부족해 어려움을 겪는 저개발 국가 사람들이 쉽게 전기를 생산할 수 있는 방법을 고민하던 학생들은, 아이들이 가장 좋아하는 축구에서 아이디어를 얻었어요. 소켓 볼은 겉에서 보았을 때 일반 축구공과 모양이나 재질이 같아요. 그런데 내부에는 전기 에너지를 생산할 수 있는 시스템이 들어 있고, 작은 뚜껑을 열면 전기 콘센트가 있어요.

전기를 만들어 내는 힘도 강해서 약 30분 동안 소켓 볼로 아이들이 신 나게 축구를 하면, 3시간 정도 불을 밝힐 전기 에너지가 만들어져요. 전기가 들어오지 않아 아직도 등유나 촛불을 밝혀 생활하는 저개발 국가 사람들에게 유용하게 쓰일 수 있는 적절한 기술이에요.

생명을 구하는 빨대, 라이프스트로

글로벌 사회적 기업인 베스터가드 프랑센(Vestergaard Frandsen) 그룹이 개발한 라이프스트로(LifeStraw)는 오염된 물을 깨끗하게 해 주는 휴대용 정수 빨대예요. 오염된 물을 먹고 질병에 걸리기 쉬운 심각한 물 부족 국가에서 아주 유용하게 쓰일 수 있어요. 라이프스트로의 필터는 오염된 물에 사는 미생물과 기생충을 거의 모두 걸러 낼 수 있어요. 휴대가 간편하여 목에 걸고 다닐 수 있는데 물을 마실 때 기존의 빨대처럼 물에 넣고 빨아들이면 돼요. 라이프스트로의 또 다른 장점은 전기 충전이나 필터를 교환하지 않아도 사용할 수 있다는 것이지요. 생명을 살리는 아름다운 발명, 어려운 사람을 도울 수 있는 적절한 기술이지요?

초고속 통신, 더 가까이 더 빠르게

디지털
세상에 빠지다

06 편리하고 유용한 정보 공유, 〈커뮤니티 매핑〉

★ 특정한 정보를 지도로 만들어 공유하다

커뮤니티 매핑은, 사람들이 서로 알고 있는 내용을
인터넷상에서 찾기 쉽게 지도로 만들어 공유하는 것을 말한다.
커뮤니티와 지도 만들기가 합쳐진 활동이라고 할 수 있다.
커뮤니티 매핑은 어떻게 만들어지는지 알아보자.

지도는

어느 방향으로 가야 할지 모를 때

길을 알려 주는 길잡이 역할을 한다.

그런데

생명을 구하고

생활을 편리하게 해 주는

지도가 있다.

많은 사람과 공유하고

소통하는,

함께 만들어 가는 지도

커뮤니티 : 자연 발생적으로
이루어진 공동 사회

커뮤니티 매핑.

커뮤니티 매핑 : 커뮤니티 구성원들이
특정 주제에 대한 정보를 수집하여
지도로 만들어 공유하고 이용하는 것

 편리한 생활을 위해 어떤 지도를 만들고 싶나요?

1854년 런던,

콜레라가 급속히 퍼져 나갈 때

콜레라의 감염 경로를 알아내기 위해

고민했던 내과 의사 존 스노.

그 결과

콜레라의 전염을

막기 위해 만든

'콜레라 발생 분포 지도'

감염 경로 : 병원체가 생물체를
감염시키는 경로

존 스노(1813~1858) : 영국의 의사.
콜레라 분포에 대한 연구를 함.

"이제 콜레라 전염을 막을 수 있을 거야!"

이렇게 만들어진 지도는

사람들의 생명을 구하는 데 사용된다.

1933년
복잡한 지하철 노선 때문에
지하철을 잘못 타고
약속 시간에 늦기 일쑤였던 런던.

"복잡한 지하철 노선을 알기 쉽게 그리자."

전기 회로도를 그리던 기술자, 해리 벡이 만든
'런던 지하철 노선도'

해리 벡(1902~1974) :
영국의 전기 회로도 기술자.
런던 지하철 노선도를 그림.

이렇게 만들어진 지도는
많은 사람의 생활을 편리하게 만든다.

콜레라에서
안전한 지역...

ink

2006년 뉴욕,
화장실을 못 찾아서 쩔쩔매던 한 남자

"각자 알고 있는 화장실 위치 정보를
서로 공유하면 어떨까?"

이런 재미있는 생각으로
한 뼘 크기의 지도 안에
누구든 화장실 위치 정보를
등록할 수 있게 했다.

그리하여
450개 이상의 화장실 위치가 등록된
'뉴욕 화장실 지도'.

이렇게

생각에 생각을 더하고

지리 정보 시스템을 이용해

여러 사람이 함께 지도를 만드는 일을

커뮤니티 매핑이라고 한다.

커뮤니티 매핑의 시작은
'나누는 마음'.

지리 정보 시스템(GIS, Geographic Information System) : 컴퓨터를 이용한 지도로 지리 정보를 만들고 관리하는 시스템

"서울의 명동, 대학로, 인사동 등에서
안전하게 돌아다닐 수 있는 길을 알려 주자."

2011년, 휠체어를 탄 장애인들이 만든
휠체어를 타고 이용할 수 있는
음식점이나 문화 공간을 알려 주는
'장애인을 위한 지도'.

"다른 친구들도 당하지 않게
깡패에게 돈을 빼앗긴 길을 알리자."

2012년, 서울 성북구의 초등학생들이
서로의 안전을 지키기 위해 함께 만든
'학교 주변 안전 지도'.

커뮤니티 매핑의 장점은,

누구든 원하는 지도를 만들 수 있고
그 지도를 필요로 하는 사람들이
정보를 보태거나 보완하여
더 유용하게 만들 수 있다는 것이다.

거기에는 너와 나를 생각하고
우리를 위하는
따뜻한 마음이 들어 있다.

커뮤니티 매핑의 중심은
그 지도를 이용하는 나
그리고 우리.

중요한 것은 기술이 아니라
그 기술을 유용하게 사용할 수 있는
아이디어와
사람들에 대한 신뢰와 소통입니다.
_(임완수, 커뮤니티 매핑 전문가)

커뮤니티 매핑의 소통은

편리함을 넘어서

나라를, 우리 스스로를 구하기도 한다.

2012년 10월 '허리케인 샌디'가

미국 동부 지역을 휩쓸어 전 지역에 전기가 끊기자

실시간 검색어로 급상승한 것은

'주유소'

> 허리케인 샌디 : 2012년 10월,
> 자메이카와 쿠바, 미국 동부를
> 강타한 태풍

휘발유가 있어야 차를 움직일 수 있고,

가족을 만날 수 있고,

그 지역을 벗어날 수 있기 때문이다.

이때 등장한 한 장의 지도

'현재 주유소 현황 지도'.

전기차 주유소
전기가 끊긴 주유소
기름이 떨어진 주유소
영업 중인 주유소

이 지도는 실제로 미연방 에너지국의
구조 활동에 적극 활용되었다.

정부 기관보다 빠르고 정확한 지도를 만든 건
50여 명의 학생과 자원봉사자
그리고
익명의 수많은 사람.

익명 : 자신의 이름을
밝혀 드러내지 않음.

지식이 쌓이면 정보가 되고,
정보가 공유되면 힘이 된다.

최상의 답은 대중 속에 있고
우리 모두를 합친 것보다 똑똑한 천재는 없다.

_(렌 피셔, 과학 칼럼니스트)

렌 피셔(1942~) : 오스트레일리아 출생의
과학 칼럼니스트. '비스킷을 커피에 잘
적셔 먹는 방법'을 연구해 이그노벨상 수상

세상을 바꾸는 지도, 커뮤니티 매핑

커뮤니티 매핑(community mapping)이란 커뮤니티 구성원들이 정보를 수집하고 알고 있는 지식을 공유하여 함께 지도를 만드는 것을 말해요. 미국에 살고 있는 한국인 임완수 박사는 지리 정보 시스템을 이용한 커뮤니티 매핑을 만들어 널리 알렸어요. 2012년에 '허리케인 샌디'가 미국 동부 지역을 강타했을 때 임완수 박사와 지역 고등학생들은 발 빠르게 커뮤니티 매핑 시스템과 SNS를 이용해 주유소 온라인 지도를 만들었어요. 그 지도는 미연방 정부 기관에서 활용하여 재난 상황을 대처하는 데 큰 도움이 되었어요. 이를 계기로 세계적으로 '커뮤니티 매핑'의 위력에 많은 관심을 갖게 되었어요.

최근 속도가 빠른 인터넷의 보급에 따라 시민 참여가 활발해지면서 정부 기관과 기업, 연구소 등에서 커뮤니티 매핑에 관심을 보이고 있어요. 사회적인 문제에 대한 해결책을 커뮤니티 매핑을 통해 찾을 수 있기 때문이지요. 이러한 커뮤니티 매핑에서 중요한 점은, 지도를 만드는 데 시민들이 자발적으로 참여하고 이를 통해 정확하고 빠른 정보를 만드는 것이에요. 자신이 살고 있는 지역의 문제점을 해결해 보겠다는 의지를 개인이 갖는다면 빠르고 정확한 정보를 만드는 것이 어려운 일은 아니겠지요?

또, 주민들이 만들어 낸 데이터는 공공 기관에서 계획을 세울 때 활용하도록 할 수 있어요. 예를 들면, 주민들이 자료 조사를 해 공중화장실이 부족한 지역이나 밤길이 어두운 곳 등을 지도로 만들어 공공 기관에 요청하는 거예요. 임완수 박사는 커뮤니티 매핑은 단지 지도가 아니라 사람과 사람, 사람과 사회를 연결해 주는 역할을 한다고 말해요.

커뮤니티 매핑, 어떤 것이 있을까?

숭덕 초등학교 유해 시설 및 교통안전 커뮤니티 매핑

2012년 1월, 서울시 성북구 숭덕 초등학교 학생들의 안전한 등·하굣길을 만드는 것을 목적으로 진행된 커뮤니티 매핑 프로젝트예요. 학교나 학교 주변에서 벌어지는 학교 폭력에 대처하기 위해 시작됐어요. 학부모, 학생, 자원봉사자들이 스스로 학교 주변의 위험 시설에 대한 정보 수집을 하고, 안전 지역 지도를 만들었어요. 이후, 해당 구청에 제안하여 이 지도를 참고해 안전한 등·하굣길 관리를 할 수 있도록 하였어요.

반딧불이 커뮤니티 매핑

2012년 3월부터 10월까지 약 8개월 동안 전라북도 무주군 푸른꿈 고등학교에서 진행한 커뮤니티 매핑 프로젝트예요. 갈수록 찾아보기 힘든 반딧불이에 대한 정보를 알아보는 생태 교육에 활용된 매핑이에요. 학생들은 무주 지역의 대표 이미지인 반딧불이의 성장 과정과 활동 모습을 관찰함으로써 주변 환경에 대한 관심을 갖게 됐지요. 커뮤니티 매핑을 통해 자연 교육도 할 수 있다는 것을 보여 주었지요.

뉴저지 포트홀 커뮤니티 매핑

2014년, 미국 동부에서는 겨울에 내린 눈으로 길이 꽁꽁 얼었다가 날이 풀려 녹으면서 도로에 구멍이 났어요. 이것을 포트홀이라고 하는데, 자동차를 운전할 때 큰 사고가 날 수 있는 위험한 상황이었어요. 운전자들은 스마트폰 애플리케이션을 통해 지도에 포트홀 위치를 표시하는 프로젝트를 진행했어요.
시작한 지 5일 만에 뉴저지 전체에 있는 400여 개의 포트홀이 접수될 정도로 시민들의 참여가 활발했지요. 프로젝트를 통해 교통사고를 막고 도로를 보수하는 데 도움을 줄 수 있었어요.

굿바이! PC 통신, 〈디지털 수몰민〉

★ PC 통신의 작별과 함께 수많은 정보도 함께 묻히다

PC 통신이 초고속 인터넷에 밀려 문을 닫게 되자 그동안
PC 통신에 올린 정보와 자료를 한순간에 잃게 된 디지털 수몰민.
PC 통신과 디지털 수몰민에 대해 알아보고,
현재 인터넷 속의 자료들은 앞으로 어떻게 될지 생각해 보자.

PC 통신부터
오늘날 초고속 인터넷까지

인터넷은 정보의 바다를 이루며
우리의 일상생활 속 깊숙이 들어왔다.

사람들은 그 안에서
서로 정보를 주고받고
관심사를 이야기하고
정을 나누고 있다.

PC 통신 : PC를 이용하여 통신하던
방식. 인터넷이 널리 퍼지기 전,
PC 통신사의 통신망을 통해 접속함.

PC : 개인이 이용하도록
만들어진 소형 컴퓨터

그렇게 오랫동안 주고받은
너와 나, 우리의
수많은 이야기와 정보.

그것들은 나중에 어떻게 될까?

 생각해 보기 내 자료가 많이 들어 있는 사이트가 없어진다면 어떨까요?

83

인터넷이 빠르게 발달하고 확산되면서

인터넷 속 정보의 양은

엄청나게 늘어났고

이용하는 사람도 아주 많아졌다.

2012년 2.8제타바이트를 넘어선

전 세계 디지털 정보량

_(IT 시장 조사 기관, IDC 보고서)

2020년에는

40ZB가 될 것이라고 예측한다.

★★★ 제타바이트(ZB, zetabyte) : 데이터의
양을 나타내는 단위. 3MB 정도의 MP3
노래 약 290조 곡을 저장할 수 있는 용량

★★ 바이트(byte) : 컴퓨터가 처리하는
정보의 기본 단위로, 하나의 문자를
표현하는 단위

40ZB는

7억 50만조 개로 추정되는

전 세계 해변의 모래알 수의

57배가 되는 양이다.

우리는 그만큼 많은 양의 데이터를

쓰게 될 거라는 것이다.

_(IT 시장 조사기관, IDC 보고서)

많은 데이터의 정보량만큼

사람들의 생활은

인터넷과 떼려야 뗄 수 없게 되었다.

인터넷에 올린

정보량이 많아지면서

지우고 싶은 이야기도 생겨났다.

"분명 오래전에 쓴 글인데,

어디에서 튀어나왔지?"

"뭐? 인터넷에서 내 개인 정보가 유출됐다고?"

"보여 주고 싶지 않은 사진인데, 어떡하지?"

"나에게는 잊힐 권리가 있다!"

그리하여
'잊힐 권리'를 위해

원하지 않는 개인 정보를 삭제해 주는
디지털 세탁소가 등장했다.

디지털 세탁소 : 디지털 장의사.
개인이 원하지 않는 온라인에 떠돌아다니는
사진이나 글 등을 지워 주는 직업

죽은 뒤에
온라인상의 개인 정보를
정리하고 삭제해 주기도 해서
디지털 장의사라고도 한다.

그런데
오랫동안 간직하고 싶은 정보가
하루아침에
사라져 버리는 일도 발생한다.

나우누리 : 1994년 10월 시작된
PC 통신망. 나, 우리 그리고
함께하는 세상이라는 뜻

2013년 1월
'나우누리 서비스 종료 공지' 뉴스

"나우누리 서비스가 종료됩니다."

1984년 처음 시작된 PC 통신은

속도도 빠르지 않았고

정보도 많지 않았지만 사람들은 열광했다.

처음으로 아이디를 만들고

컴퓨터 자판을 두드리며

정보를 나누고 친구를 사귀었다.

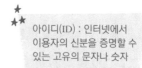

아이디(ID) : 인터넷에서
이용자의 신분을 증명할 수
있는 고유의 문자나 숫자

하지만

1998년 초고속 인터넷이 보급되면서

이용자가 급격히 줄어들자

PC 통신 회사들이 점차 문을 닫게 된 것이다.

마지막으로 작별을 알린

나우누리를 지켜보던

'디지털 수몰민'

디지털 수몰민 : 홍수에 집과 재산을
잃는 수몰민처럼, 포털 서비스가 문을
닫으면서 인터넷에 올린 사진이나
글을 잃어버리게 된 사람들

그들이 하나둘 모여들었다.

"그 추억을 다시 살린다면 좋겠어요."

"나우누리 덕분에 얻은 것이 많았어요.

이제는 우리가 나우누리를 돕고 싶어요."

모인 사람들은

각자 할 수 있는 일을 찾아

재능을 기부하는 등

나우누리 살리기에 앞장섰다.

하지만
사람들의 간절한 바람에도 불구하고
나우누리의 보존은
끝내 무산되고 말았다.

사람들의 소중한 기억과 기록들도
영원히 함께 묻혀 버렸다.

소중한 기록을 잃은
안타까운 디지털 수몰민!

앞으로
인터넷 속에 들어 있는
우리의 수많은 정보들은 어떻게 될까?

모든 자료를 잃게 되는 디지털 수몰민

나우누리를 포함한 PC 통신 업체들은 시대의 흐름에 못 이겨 디지털 수몰민을 만들었어요. 우리나라는 1984년 천리안이 최초로 전화선을 이용해 접속하는 PC 통신을 시작했어요. PC 통신은 서비스가 시작되자마자 많은 사람의 사랑을 받았어요. 속도는 지금보다 느렸지만 컴퓨터를 사용해 대화하고 추억을 쌓아 가는 새로운 세상에 열정적으로 빠져들었지요. 지금은 카카오톡을 통해 문자 메시지를 보내거나 트위터, 페이스북 등의 SNS로 친구들과 이야기를 하지만 당시에는 이런 기술이 발달하지 않았어요.

PC 통신이 열리면서 동호회에 가입해 취미가 같은 사람들을 만나거나 채팅방을 열어 이야기가 통하는 친구를 찾는 등 온라인에서 재미있는 활동을 할 수 있게 되었지요. 그리고 컴퓨터 채팅을 통해 마음이 맞는 친구들을 만날 수 있다는 것은 당시로서는 매우 신선한 발상이었어요.

그러다 1998년 초고속 인터넷이 들어오면서 PC 통신 업체들이 경영난에 허덕이게 되자 운영상의 문제로 하나둘 문을 닫게 되었어요. 하이텔과 천리안은 2007년, 유니텔은 2008년에 운영을 중단했어요. 1994년 시작된 나우누리도 2013년 2월에 문을 닫게 되자 디지털 수몰민들은 이를 안타까워하며 힘을 합해 막아 보려고 했어요. 하지만 수많은 기록과 추억이 사라지는 것을 막지 못하고 결국 문을 닫고 말았지요.

PC 통신 업체뿐만 아니라 2012년 야후코리아, 2013년 프래챌 등 인터넷 포털 사이트들도 문을 닫았어요. 가입해 있는 사이트가 운영을 중단해 사람들이 자신의 글과 사진들을 잃게 되는 일은 참 안타까운 일이에요.

정보 유산을 정리해 주는 디지털 장의사

디지털 장의사는 세상을 떠난 사람들이 인터넷에 남긴 흔적을 정리해 주는 직업을 말해요. 원하지 않는 인터넷 기록을 삭제해 준다는 뜻으로 '디지털 세탁소'라고 불리기도 해요. 온라인 상조 회사라고 불리는 디지털 장의사 회사에 가입한 회원이 비용을 내고 자신이 죽은 뒤 인터넷 정보를 어떤 방법으로 처리해 달라는 유언을 남기면 그에 따라 인터넷상의 흔적을 지워 주어요. SNS에 올린 사진이나 내용을 삭제해 주는 것은 물론 다른 사람의 글에 달린 댓글까지 삭제해 준대요.

2013년 7월에 새로이 생겨난 직업을 조사했는데 '사이버언더테이커'라는 이름의 디지털 장의사가 새로운 직업 중 하나로 나타났어요. 최근 신용 카드 회사나 은행의 개인 정보 유출 사건 등 개인 정보와 관련된 문제들이 생겨나면서 주목받고 있는 직업이에요.

인터넷과 관련된 디지털 신조어

디지털 기계를 사용하면서 다양한 신조어가 등장하고 있어요. '디지털 치매'는 디지털 기기 사용에 익숙한 현대인들이 뇌를 사용하지 않고 무의식적으로 디지털 기기에 의존해 기억력이 떨어지는 현상을 말해요. 예를 들면, 기억하는 전화번호가 거의 없다, 간단한 물건 값조차 암산을 할 수 없다, 어느 순간부터 늘 다니던 익숙한 길도 찾기 어렵다는 등의 증상이에요. 또 '스마트폰 노안'이라는 말도 있어요. 이는 항상 고개를 숙이고 디지털 기계를 보다 보니 시력이 저하되고, 안구 건조증이 생기며, 입 주변이 처지고 늙어 보이는 현상을 말해요. '디지털 쿼터족'이라는 말은 디지털 기계를 능숙하게 다루는 젊은 연령층의 일 처리에 걸리는 시간이 기성 세대의 4분의 1밖에 안 된다는 뜻을 담고 있어요.

08

2G 휴대 전화, 함께해 주서 〈고마워〉

★ 스마트폰 이전의 2G 휴대 전화를 알고 있나요?

음성 통화, 영상 통화, 문자 메시지, 인터넷, 사진 촬영, MP3.
이 모든 기능이 손안의 작은 스마트폰 하나로 가능해졌다.
서서히 사라져 가는 2G 휴대 전화의 이야기를 통해
아날로그 1세대부터 4세대 LTE까지 휴대 전화의 역사를 알아보자.

새 휴대 전화를 사러 가면,

"4G, LTE입니다."

4G? 무슨 뜻이지?

LTE(Long Term Evolution) : 3세대 이동
통신(3G) 기술을 장기적으로 발달시킨다는 뜻.
3세대와 4세대의 중간 기술이라고 하여
3.9세대 이동 통신이라고도 한다.

'G'는 세대를 뜻하는

Generation의 머리글자

우리말로 한다면

'4세대' 휴대 전화라는 뜻이다.

그렇다면 4세대 이전에 있던

1세대, 2세대, 3세대 휴대 전화는?

무엇이 어떻게 달라졌을까?

 스마트폰 이전에는 어떤 휴대 전화가 있었을까요?

1990년대, 2세대 휴대 전화 탄생
그동안 통화만 할 수 있던 전화기는
문자 메시지까지 보낼 수 있게 되었다.

손가락으로 소식을 전하고
언제 어디서나
짜장면을 시켜 먹을 수 있는 세상

"여보세요?"
라고 말하던 전화의 첫인사 대신
손가락으로 톡톡!

"어디야?"
"왜?"
"무슨 일이야?"

그리고 2세대 휴대 전화는

때로는 음악을 듣는 MP3,

때로는 사진을 찍는 카메라가 되었다.

2003년 2월, 대구 중앙로역

지하철 사고

여보! 불이 났는데 문이 안 열려요.

숨을 못 쉬겠어요. 살려 주세요. 살려 줘요.

여보, 사랑해요. 애들 보고 싶어요.

_(4살·6살 두 아이의 엄마 김씨)

그때 그곳에 있던 사람들이

사랑하는 이들에게 남긴

마지막 메시지와 모습이

휴대 전화에 고스란히 남아 가슴을 울렸다.

그리고
세상은 빠르게 변화하고
휴대 전화도 함께 발전하였다.

영상 통화를 할 수 있는
3세대 휴대 전화,
인터넷에 접속할 수 있는
'손안의 PC' 스마트폰의 탄생

스마트폰 : 똑똑한 전화기라는 뜻.
인터넷 검색을 할 수 있고 원하는
애플리케이션을 설치할 수 있음.

그리고 얼마 지나지 않아
속도가 빨라진
4세대 휴대 전화가 나왔다.

'2G보다 인터넷을 이용해 똑똑해진 3G
3G보다 속도가 훨씬 빨라진 4G'.

휴대 전화에서 말하는 'G',
즉 '세대'는 기술이 획기적으로
변화된 시점을 기준으로 나뉜다.

1세대 아날로그 휴대 전화는
크기가 아주 컸고,
음성 통화만 할 수 있었으며,
손에 들고 다닐 수 있다는 것이 특징이었다.

2세대 휴대 전화는
손안에 들어오는 작은 크기로
음성 통화를 하고,
문자 메시지를 보낼 수 있었다.

3세대 휴대 전화는
똑똑한 스마트폰으로
영상 통화가 가능해졌고,
동영상도 보고 인터넷도 사용할 수 있었다.

4세대 휴대 전화는
아주 빠른 속도를 자랑한다.
영화처럼 용량이 큰 데이터도
높은 속도로 처리가 가능하다.

처음으로 손안의 휴대 전화로

자리 잡았던 2세대 휴대 전화,

오랫동안 2세대 휴대 전화가 차지했던

손, 호주머니, 가방 안은

새로운 세대의 휴대 전화 차지로 바뀌어 갔다.

그렇게

느리고 투박한 2세대 휴대 전화는

많은 추억을 남긴 채 사라져 가고 있다.

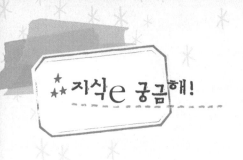

세계 최초의 휴대 전화

최초의 휴대 전화는 1983년 모토로라에서 만든 '다이나택 8000X'예요. 무게가 1kg 남짓 되는 벽돌같이 큰 휴대 전화기였어요. 휴대 전화가 처음 나왔을 때 사람들은 들고 다니는 전화기에 감탄하며 신기해 했어요. 지금 보면 크기가 지나치게 컸음에도 불구하고 가격이 너무 비싸고 귀한 것이어서 휴대 전화기를 가지고 있는 것 자체가 부자의 상징이 될 정도였어요.

우리나라는 1988년, 삼성 전자에서 'SH-100'이라는 휴대 전화를 최초로 만들었어요. 다이나택과 같이 크기가 컸으며, 가격이 너무 비싸 아무나 이용할 수 없었지요. 그러다 1996년부터 일반인이 사용할 수 있을 정도의 가격이면서 손안에 들어가는 크기의 2세대 휴대 전화가 나왔어요. 그런데 요즘에는 휴대 전화는 누구나 하나씩 가질 만큼 대중화됐어요. 또, 삼성전자나 LG전자 같은 국내 기업의 휴대 전화가 뛰어난 기술로 전 세계인의 주목을 받고 있어요.

아날로그와 디지털

아날로그와 디지털은 신호를 다루는 방식의 차이로 구분돼요. 아날로그는 연속되는 전기 신호를 전달한다면, 디지털은 회로의 값을 0과 1이라는 숫자로 바꾸어 전송해요. 아날로그는 자연 상태의 정보를 그대로 보내기 때문에 가는 도중 변형의 우려가 있지만 디지털은 숫자로 변형시켜 가므로 훨씬 정확하게 전송돼요.

컴퓨터, 방송, 시계, 휴대폰 등의 기기들이 아날로그와 디지털 방식으로 구분

될 수 있어요. 예를 들면, 바늘로 돌아가는 시계는 아날로그, 숫자로 보이는 전자시계는 디지털 방식이에요. 또, 2012년부터 방송이 아날로그에서 디지털로 바뀌면서 더 선명한 화질로 텔레비전을 볼 수 있게 되었어요. 그리고 소리를 들을 수 있는 오디오 테이프는 아날로그 방식이고 MP3는 디지털 방식이지요. 디지털이 아날로그보다 더 많은 정보를 더 빨리 보낼 수 있고, 새로 나왔다고 해서 아날로그는 '오래된 것'이고, 디지털은 '새것, 더 좋은 것'이라고 생각하기 쉬워요. 하지만 아날로그는 부드러움과 섬세함을, 디지털은 정확하고 빠른 속도를 자랑하는 각각 다른 특징을 가지고 있답니다.

무선과 유선

기기에서 무선은 선이 없는 것, 유선은 선이 있는 것을 말해요. 무선은 선이 아닌 전자파 등을 통해 신호를 보내요. 예전에는 전세계 사람들이 꼬불꼬불한 선으로 연결된 유선 전화기를 사용했어요. 컴퓨터에 있는 마우스도 컴퓨터에 선으로 꼭 연결되어 있었지요. 하지만 지금은 무선 전화나 무선 마우스 등을 사용하는 것이 익숙한 일이 되었어요.

작은 휴대 전화에 담긴 신분증, 유심

휴대 전화가 발달하면서 사람들은 개인 정보를 휴대 전화에 담고 싶어 했어요. 그래서 생겨난 것이 유심(USIM)이에요. 3세대 휴대 전화부터 유심 카드를 사용하게 됐지요. 유심은 가입자 개개인을 구별해 주는 기능이 있어 교통 카드나 신용 카드처럼 사용할 수 있어요. 휴대 전화에서 전자 상거래 등이 가능해진 거지요. 또, 유심은 메모리 저장 공간으로 활용되어 휴대 전화로 찍은 사진이나 음악 파일 등을 저장할 수 있어요. 휴대 전화를 바꾸어도 유심은 그대로 사용할 수 있기 때문에 자료 보존이 편리하고 효과적이에요.

09 웹 표준화 운동의 선구자,
〈대한민국 네티즌 1%〉

★ 웹 브라우저를 마음대로 선택할 권리를 위해

세계 네티즌의 25%가 사용하는 웹 브라우저, 인터넷 익스플로러.
그에 반해 우리나라 네티즌은 70%가 인터넷 익스플로러를 사용한다.
우리나라 네티즌은 왜 유독 인터넷 익스플로러를
주로 사용하는지 알아보고, 웹 표준화 운동에 대해서 알아보자.

웹 표준화 : 인터넷에 제공되는 각종 콘텐츠와
서비스를 웹 브라우저의 종류에 상관없이
자유롭게 이용할 수 있도록 기준을 만드는 것

전 세계 60여 개의 웹 브라우저 중

현재 가장 많이 사용되는 것은

'크롬'

> 크롬 : 2008년 구글에서
> 출시한 웹 브라우저

전 세계 사용자의

43%가 이용하고 있다.

하지만

우리나라에서는 전 세계 사용자의

25% 정도만 사용하는

'인터넷 익스플로러'를

70% 이상이 사용한다.

_(스탯카운터 통계, 2013. 7.)

> 인터넷 익스플로러 :
> 마이크로소프트사에서 개발한
> 웹 브라우저. 1995년 윈도 95와
> 함께 첫선을 보임.

왜 우리나라에서만
'인터넷 익스플로러'를 많이 사용할까?

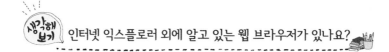

생각해보기 인터넷 익스플로러 외에 알고 있는 웹 브라우저가 있나요?

그런데 웹 브라우저는 뭘까?

웹 브라우저는 정보의 바다 인터넷 속으로
들어가게 해 주는 프로그램으로,
'인터넷' 그 자체는 아니다.

'인터넷'에 접속하기 위해
우리나라 사람 대부분이 당연히 클릭하게 되는
인터넷 익스플로러.

이것은 단지
현재 사용되고 있는
60여 개 웹 브라우저 중의
하나일 뿐이다.

그럼, 웹은 무엇일까?

인터넷 익스플로러를 클릭하면
주소 창에 나타나는
www, 월드 와이드 웹.

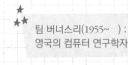

월드 와이드 웹(www, world
wide web) : 세계적으로 연결된
정보 공간으로 '웹(web)'이라고
부르기도 함.

이것이 바로
인터넷 세상을 열어 준 정보망,
웹이다.

월드 와이드 웹은
1989년, 영국의 젊은 과학자
팀 버너스리가 내놓은
'정보 관리 제안서'에
처음으로 등장

팀 버너스리(1955~   ) :
영국의 컴퓨터 연구학자

일부 전문가만 사용 가능했던
어려운 인터넷 통신 기술을
누구나 쉽게 사용할 수 있도록 만들었다.

새롭다.

놀랍다.

편하다.

버너스리의 월드 와이드 웹은

그동안 문자 정보가 대부분이었던

통신에 의한 정보 전달 방법과는 달리

문자, 화상, 음성을 더하여

다양한 표현 방법을 가능하게 하였다.

인터넷 사용 초기에는
몇 개 안 되는 웹 브라우저를 통해
인터넷에 접속했다.

이후
차츰 기술이 발달하면서
속도와 편리성이 보완된
다양한 웹 브라우저가 만들어졌다.

그리하여
누구든 자신이 원하는 웹 브라우저를
선택해서 사용하게 되었다.

하지만
대다수의 한국인은
인터넷 익스플로러로
인터넷에 접속한다.

2009년

인터넷 익스플로러 웹 브라우저의
우리나라 점유율은 무려 98.5%.

인터넷 익스플로러 웹 브라우저 외

다른 웹 브라우저를 사용하는
대한민국 네티즌 1%

더 좋은 성능의 웹 브라우저가 나왔는데
왜 우리는 인터넷 익스플로러만을 사용했을까?

그것은 인터넷 익스플로러에서만 작동되는
액티브X 때문.

"한국은 액티브X에 발목이 묶여 있어요."

액티브X는 윈도 사용자들이 원하는 문서를
인터넷 익스플로러를 통해
인터넷과 연결해 사용하도록
도와주는 프로그램.

우리나라의 인터넷 뱅킹을 비롯한
보안이 필요한 웹 페이지들은
대부분 액티브X를 기반으로 만들어졌다.

그리하여
다른 웹 브라우저를 사용하면
우리나라에서 만든 웹페이지를
자유롭게 이용하지 못하는 경우가 많다.

웹을 만든 목적은
누구나 사용할 수 있도록 하는 것이다.
_(팀 버너스리, 월드 와이드 웹 창시자)

하지만 웹을 자유롭게
이용하지 못하는 사람들.

다른 웹 브라우저를 사용하던
1%의 네티즌은

웹 표준화 운동을 하기 시작했다.

모든 웹 브라우저에서
인터넷 사용을 자유롭게 할 수 있는
환경을 만들어 달라는 것이었다.

결국 정부에서는
액티브X를 대신할 프로그램 개발을
지원하는 계획을 세웠다.

웹 브라우저를 마음대로 선택해서
사용할 수 있는 환경을 위해
목소리를 낸
대한민국 네티즌 1%

그들의 노력은 헛되지 않았다.

2014년,
'인터넷 익스플로러' 웹 브라우저는
70%로 점유율이 떨어졌으며
웹 표준화를 위한 작업은
계속 진행되고 있다.

인터넷 세상을 열어 주는, 웹 브라우저

웹 브라우저는 인터넷에서 정보를 검색하는 데 사용되는 프로그램이에요. 현재 알려진 웹 브라우저는 세계적으로 60개가 넘지만, 4~5개의 웹 브라우저가 많이 사용되고 있어요. 현재 세계의 사람들이 가장 많이 사용하고 있는 웹 브라우저는 크롬이고, 우리나라에서 가장 많이 이용되는 웹 브라우지는 인터넷 익스플로러예요. 1995년에 마이크로소프트사가 개발한 '인터넷 익스플로러'는 윈도와 함께 무료로 제공되어 초기에는 전 세계 인터넷 이용자의 95%가 사용했어요. 그러나 현재는 약 25% 정도만 사용하고 있어요.

그 밖에 파이어폭스가 있어요. 한국에는 많이 알려지지 않았지만 독일, 폴란드 등에서는 인터넷 이용자의 50% 정도가 파이어폭스를 사용해 인터넷 접속을 하고 있어요. 파이어폭스는 보안성이 높고 속도가 빠른 것이 장점이에요. 또 애플에서 개발한 사파리는 컴퓨터에서는 크롬에 비해 많이 사용되지 않지만, 애플에서 만든 모바일 제품에서는 가장 빠르고 안정적이어서 사용자가 꾸준히 증가하고 있어요. 모바일 시장에서는 가장 인기 있는 웹 브라우저 중 하나로 꼽혀요.

액티브X는 무엇일까?

우리나라 사람들이 인터넷 익스플로러 웹 브라우저를 사용할 수밖에 없도록 만든 액티브X는 무엇일까요? 그 것은 마이크로소프트사가 윈도 사용자들을 위해 만든 것으로, 윈도 사용자들

activex

이 작성한 문서와 콘텐츠를 인터넷과 연결하여 사용하도록 도와주는 기술이에요. 컴퓨터를 이용하다 보면, 보안 경고나 추가 프로그램 설치를 알리는 작은 회색 창이 뜨는데, 이것이 바로 액티브X라고 할 수 있어요.

네티즌과 웹 표준화 운동

네티즌은 시민이라는 뜻의 '시티즌'과 '네트워크'의 합성어로, 인터넷 세상을 이용하는 사람들을 말해요. 혹은 누리꾼이라고도 하지요. 얼굴이 보이지 않는 인터넷 세상에서 네티즌은 익명성을 가지고 아이디로 활동을 해요. 이 아이디를 통해 자신의 의견을 댓글로 남길 수도 있고, 정보를 퍼와서 자신의 블로그나 SNS에 올려놓을 수도 있어요.

네티즌들은 댓글이나 SNS를 통해 자신의 소소한 일상을 이야기하거나 생각을 표현하기도 하지만 사회적인 사건이나 정치적인 문제에 대해서도 의견을 내기도 해요. 어떤 때는 한 가지 일에 많은 사람이 같은 주장을 하면서 네티즌 운동을 펼치기도 하지요. 부당한 일을 당한 사람이 있으면 도와주는 운동을 벌이기도 하고, 사회적인 문제를 여러 사람이 힘을 모아 해결하려는 운동을 펼치기도 하지요. 엑티브X에 발이 묶여 있는 문제를 해결해 나가기 위해 벌인 웹 표준화 운동도 네티즌 운동의 하나라고 할 수 있어요.

우리나라에서는 공인 인증서를 비롯한 웹 페이지의 암호화가 액티브X에 맞추어서 만들어졌어요. 그래서 전자 상거래 등을 할 때 인터넷 익스플로러 외의 웹 브라우저를 사용할 수 없다는 문제가 있지요. 우리나라에 아이폰이 처음 나왔을 때, 사파리나 크롬 같은 브라우저를 사용하는 아이폰으로는 인터넷 쇼핑몰을 이용할 수 없다는 것을 알고 네티즌의 불만이 더 커졌어요. 그래서 네티즌들은 엑티브X를 거치지 않고도 모든 웹 브라우저를 자유롭게 사용할 수 있도록 해 달라는 웹 표준화 운동을 펼쳤어요. 그 결과 정부에서는 액티브X를 대신할 프로그램 개발을 지원하는 계획을 세웠답니다.

하늘을 향한 꿈,
더 높이 더 멀리

우주의
비밀을 캐내다

10 하늘의 별을 따다, 〈소년과 행성 X〉

★ 9번째 행성에서 왜행성으로 바뀐 명왕성

태양계의 9번째 행성이었다가 이제는 왜행성으로 분류된 명왕성.
명왕성은 클라이드 톰보가 9번째 행성 X를 찾아
매일매일 수많은 별들을 관찰하고 또 관찰하다 발견했다.
클라이드 톰보와 명왕성에 대해 알아보자.

태양

수성

지구

목성

금성

화성

토성

천왕성

1930년
태양계의 9번째 행성으로
발견된 명왕성.

하지만 2006년, 76년 만에
태양계에서 행성의 지위를 잃고

'134340 플루토'라는
왜행성이 되었다.

행성 : 태양처럼 스스로 빛을
내는 항성 주위를 도는 천체로
충분한 질량과 크기로 원형에
가까운 모양을 가짐.

명왕성은 처음
어떻게 발견됐을까?

왜행성 : 행성보다는 작은 천체로
다른 행성의 위성이 아니고, 중력을
유지할 수 있는 질량을 가지고 있지만,
행성에 비해 모양이 충분히 원형이지
않고 공전 궤도도 행성과는 다르다.
왜소행성이라고도 불린다.

 천체 망원경으로 어떤 별을 직접 관찰해 보고 싶나요?

해왕성

명왕성

수성

금성

지구

화성

목성

토성

천왕성

해왕성

19세기에 8번째 행성인 해왕성이 발견된 이후

천문학자 퍼시벌 로웰은

9번째 '행성 X'가 있음을 주장한다.

퍼시벌 로웰(1855~1916) :
미국의 천문학자

그리고 9번째 행성 X는

로웰이 죽고 14년이 지난 뒤

클라이드 톰보에 의해 발견됐다.

클라이드 톰보(1906~1997) :
명왕성을 발견한 미국의 천문학자

하늘과 달과 별을 사랑한
가난한 소년, 클라이드 톰보

대학마저 포기하고 열심히 일해서
마련한 반사 망원경으로

매일 별의 움직임을 조금씩 관찰,
정성스럽게 그린
화성과 목성 그림 몇 점을
로웰 천문대에 보낸다.

로웰 천문대 : 1894년 미국
애리조나 주에 퍼시벌 로웰이
세운 천문대

**몇 달 동안 로웰 천문대에서
함께 일해 봅시다.**
_(베스토 슬라이퍼, 로웰 천문대 대장)

톰보는 23세 겨울에,
긴 기차 여행 끝에 로웰 천문대에 도착한다.

천문대에 신입 조수로 들어간
톰보의 임무는
매일 같은 밤하늘을 찍어
관찰하는 것.

수많은 별 중
위치를 바꾸는
티끌만 한 별 하나 찾기

다른 사람들은 생각했다.
'똑같은 사진을 왜 매일 봐?
그렇게 시간 낭비를 할 필요가 있을까?'

하지만 매일 같은 시각
같은 자리에서
사진을 찍고 관찰하는 톰보

로웰이 추정한 '행성 X'를
찾고 또 찾는다.

마침내 1930년 2년 18일,
해왕성 궤도 밖에서 행성 X를 발견한다.

"미세하게 자리를 바꾼 작은 별 하나,
마치 그 별이 나에게 윙크를 하는 것처럼 보였다."

톰보가 발견한
행성 X에 붙여진 이름은

그리스 신화에 나오는
저승 세계의 왕 이름인
명왕성, ‘플루토’.

톰보는 명왕성을 발견한 뒤
관측을 계속하여

혜성 : 가스 상태의 빛나는 긴 꼬리를
끌고 태양이나 큰 행성을 긴 타원이나
포물선 궤도를 그리며 도는 천체

1개의 혜성

성단 : 별들의 집단. 수백 개에서
수십만 개의 별로 이루어짐.

6개의 성단
수백 개의 소행성을 발견했다.

소행성 : 태양의 둘레를 공전하는
작은 행성. 대부분 지름이 100km
이하이며 그 수가 아주 많아
소행성대를 이루기도 한다.

뉴 허라이즌스 호 : 2006년 1월, NASA에서 발사한 인류 최초의 무인 명왕성 탐사선. 시속 5만 8000km로 비행하여 명왕성에 도착하는 데 9년 반 정도 걸림.

2006년 1월

미국 항공 우주국에서 제작한

무인 탐사선, 뉴 허라이즌스 호가

명왕성으로 출발했다.

그 탐사선에는 1997년 생을 마감한

톰보의 유골 일부가 실려 있다.

2015년 7월, 마침내

톰보의 유골은 9년 반 동안 항해해

자신이 발견했던

꿈의 명왕성에 도착하게 된다.

클라이드 톰보

클라이드 톰보(Clyde Tombaugh, 1906~1997)는 미국의 천문학자예요. 1930년 2월, 로웰 천문대의 보조 연구원으로 일할 당시 천체 망원경으로 찍은 사진을 살펴보다 새로운 행성을 발견했어요. 해왕성 이후에 최초로 나타난 태양계의 9번째 행성이었어요. 톰보는 자신이 발견한 새로운 행성에 9번째 행성 X를 예측했던 퍼시벌 로웰(Percival Lowell, 1855~1916)의 이름을 붙이기를 원했어요. 하지만 로마 신화에 나오는 저승 세계의 신 이름인 플루토(Pluto), 명왕성으로 결정되었지요. 어떤 사람들은 플루토의 P와 L이 퍼시벌 로웰의 이름에서 따왔다고 말하기도 해요. 이후 톰보는 천문대 연구원으로 일하면서 명왕성 외에도 많은 소행성과 은하를 발견했고, 외부 은하를 연구해 책을 펴내기도 했어요.

굿바이 명왕성

명왕성의 위치는 태양으로부터 약 59억 km로, 아주 멀리 태양계의 끝에 자리하고 있어요. 명왕성은 태양계의 마지막 9번째 행성으로 불리며 76년을 지냈어요. 그런데 지난 2006년 국제 천문 연맹의 행성 분류법이 바뀌면서, 명왕성은 행성에 적합하지 않다는 판단이 내려져 행성의 지위를 잃고, '왜행성'으로 분류되어 '134340 플루토'라는 새 이름을 갖게 되었어요.

명왕성이 행성의 이름을 잃어버리게 된 이유는 크기가 달의 3분의 2 정도로 작아 행성은 충분히 커야 한다는 기준에서 벗어났기 때문이에요. 그리고 다른 8개 행성은 공전하는 궤도가 원에 가까운 타원형인 데 비해 명왕성은 긴 타원

형이라는 점 때문이에요. 명왕성은 5개의 작은 달, 즉 위성을 가지고 있어요.

뉴 허라이즌스 호

명왕성은 너무 먼 곳에 있어서 태양계에서 탐사선이 방문하지 않은 유일한 행성으로 남아 있어요. 그런데 2006년 1월 20일, 미국 항공 우주국(NASA)은 명왕성으로 향하는 탐사선 뉴 허라이즌스(New Horizons) 호를 발사했어요. 뉴 허라이즌스 호는 총알보다 10배 빠른 속도로 우주를 비행해요. 그런데도 불구하고 명왕성까지 가는 데 약 9년 반이 걸려 2015년 7월경에나 도착한다고 해요. 도착한 뒤에는 명왕성의 구성 성분, 온도, 기후 등을 탐사할 예정이에요. 뉴 허라이즌스 호에는 미국 항공 우주국의 배려로 명왕성을 최초로 발견한 클라이드 톰보의 유골 가루가 실려 있어요.

혜성 탐사선, 로제타 호

1975년 5월, 유럽 10개 국가가 공동으로 설립한 유럽 우주 기구(ESA)는 태양계 행성들을 탐사해 왔어요. ESA는 2004년 혜성 탐사 임무를 띤 로제타(Rosetta) 호를 프랑스령 기아나 우주 센터에서 발사시켰어요. 2014년 11월 12일, 65억 km를 10년여 동안 여행한 로제타 호는 탐사 로봇 파일리(Philae)를 목표 혜성인 '67P/추류모프-게라시멘코' 표면에 착륙시키는 데 성공했어요. 로제타 호는 안타깝게도 혜성 표면을 찍은 사진과 성분을 분석한 데이터를 지구로 보낸 뒤, 착륙 3일 만에 배터리가 부족해 활동을 멈추었어요. 태양열로 배터리가 충전되어 다시 활동할 수 있기를 기다리고 있어요. 로제타 호가 보내오는 데이터는 태양계가 탄생할 당시의 물, 가스 등이 그대로 얼어붙어 있는 혜성을 연구할 수 있는 귀중한 자료예요. 이것으로 태양계나 지구의 기원을 연구할 수 있대요.

세상에서 가장 특별한 경험,
〈달의 뒤편으로 간 남자〉

★ 아폴로 11호의 사령선 조종사 마이클 콜린스

아폴로 11호가 최초로 달에 착륙했을 때
사령선에 남아 달의 궤도를 비행했던 조종사 마이클 콜린스.
달에 직접 착륙하는 영광은 누릴 수 없었지만
마이클 콜린스만이 특별하게 경험한 것은 무엇이었을까?

"선장, 닐 암스트롱

달 착륙선 조종사, 버즈 올드린

사령선 조종사, 마이클 콜린스

3명의 우주 비행사 출발 준비 완료.

아폴로 11호,

5개의 로켓 엔진 점화!

5.

4.

3.

2.

1.

달을 향해 발사!

> 아폴로 11호 : 사람을 태우고
> 최초로 달에 착륙한 우주선.
> 1969년 7월 16일에 발사됨.

3명의 우주 비행사는
모두 달을 밟아 볼 수 있었을까?

 달에 간다면 어떤 일을 해 보고 싶나요?

1969년 7월 16일

미국 플로리다 주 케네디 우주 센터에서

아폴로 11호가 발사되었다.

우주선이 가는 길

태양이 직접 비추는 곳은 영상 130℃

태양이 비추지 않는 그늘진 곳은 영하 120℃

심한 온도 차로

우주선이 뒤틀리는 것을 막기 위해

1시간에 3번씩

빙글빙글 회전을 하면서

비행한 아폴로 11호.

발사 3일 후,
달의 궤도 진입 성공!

달에 착륙하기 위해 사령선 콜롬비아 호와
달 착륙선 이글 호의 분리 준비

올드린과 암스트롱이
달 착륙선에 옮겨 타자
콜린스는 사령선에 남아
스위치를 누른다.

"분리!"

궤도 : 행성, 혜성, 인공위성 따위가
중력의 영향을 받아 다른 천체의
둘레를 돌면서 그리는 곡선의 길

131

발사 4일 후,
전 세계인이 지켜보는 가운데
'이글 호'는 무사히 달에 착륙

달에 첫발자국을 남기고
우주 영웅으로 떠오른
닐 암스트롱.

닐 암스트롱(1930~2012) : 미국
우주 비행사. 인류 최초로 달에
착륙한 사람

달 착륙 비행사로 선택받지 못한
마이클 콜린스.

닐 암스트롱과 버즈 올드린이
달에 착륙해 실험을 하고
흙과 돌을 수집하는 동안

★
★★ 마이클 콜린스(1930~   ) :
미국 우주 비행사. 아폴로 11호에
탑승했으나 달에는 착륙하지 못함.

★
★★ 버즈 올드린(1930~   ) :
미국 우주 비행사. 닐 암스트롱과
함께 최초로 달에 착륙함.

사령선에 홀로 남아
달의 궤도를 비행하는 것이 그의 임무.

사람들이
달에 내리지 못해서
아쉽지 않느냐고 물었다.

"아폴로 계획에서 사령선 조종사가
가장 주목받는 역할은 아니지만,
아폴로 계획의 99%를
함께한 것만으로도 충분합니다."

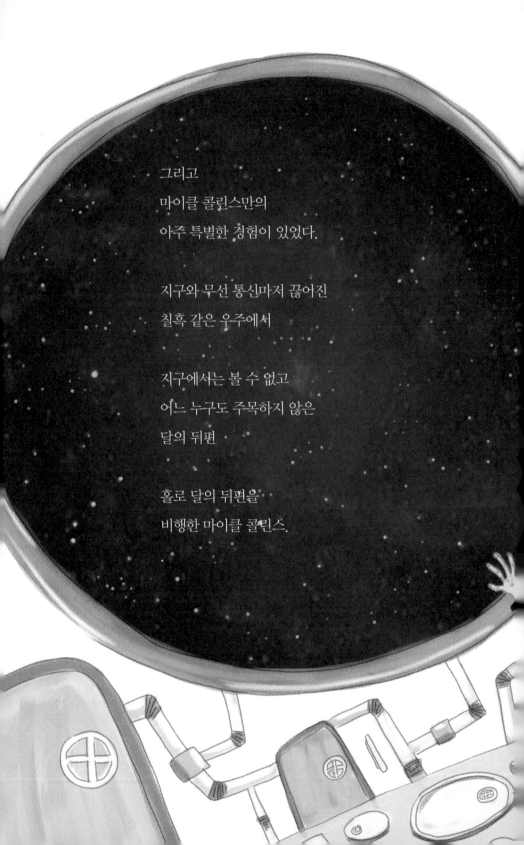

그리고
마이클 콜린스만의
아주 특별한 경험이 있었다.

지구와 무선 통신마저 끊어진
칠흑 같은 우주에서

지구에서는 볼 수 없고
어느 누구도 주목하지 않은
달의 뒤편

홀로 달의 뒤편을
비행한 마이클 콜린스.

.

"나는 지구에서
가장 멀리 떨어져 있는 사람이다.
이곳에 무엇이 있는지는
신과 나만이 안다.
온전히 홀로 있는 이 순간이
두렵지도 외롭지도 않다.
지금 이 느낌이 좋다."

그때 마이클 콜린스의 눈에 들어온 것은
달의 지평선 위로 모습을 드러낸
파란 오아시스

그것은 드넓은 우주 속에
우리가 아는 단 하나의 행성

우리가 태어나 살다가 죽는
보금자리 지구.

마이클 콜린스는
달이 아니라 지구를 보러
그곳에 간 게 아니었을까 하는
생각이 들었다.

"지구로 돌아오며 달을 향해
쉴 새 없이 셔터를 눌러 댔다.
아름다운 광경이었지만
지구에 비하면 아무것도 아니었다."

지구로 돌아온 마이클 콜린스는
아폴로 17호의 선장을 제의 받았지만
거절했다.

만약 받아들였다면
마지막으로 달을 밟은 사람이
되었을 것이다.

난 믿는다.
이렇게 아름다운 지구에 사는 건
정말 행운이라고!.

_마이클 콜린스, 우주 비행사)

아폴로 11호의 우주 비행사

최초로 달 착륙에 성공한 아폴로 11호에는 3명의 우주 비행사가 탑승했어요. 선장은 닐 암스트롱(Neil Armstrong, 1930~2012)이에요. 그는 한국 전쟁 중 제트기 조종사를 한 적도 있대요. 1962년 우주 비행사가 되었고, 1969년 7월 20일 인류 사상 최초로 달에 착륙했어요. 달 착륙선 조종사인 버즈 올드린(Buzz Aldrin, 1930~)은 암스트롱 다음으로 달에 발을 내딛었어요. 달 탐사 이후에도 우주 공학에 대해 연구했어요. 사령선 조종사인 마이클 콜린스(Michael Collins, 1930~)는 이탈리아 태생이에요. 1963년에 우주 비행사로 선발됐으며 아폴로 11호의 사령선을 조종했지요. 사령선은 아폴로 우주선을 구성하는 기계선, 달 착륙선과 달리 달 탐사 후 유일하게 지구로 돌아오는 우주선이에요.

아폴로 계획

아폴로 계획이란, 미국의 케네디 대통령이 '1970년이 되기 전에 사람을 달에 착륙시켰다가 지구로 무사히 돌아오게 한다.'는 목표를 세운 계획이에요. 1967년 아폴로 1호는 시험 도중 화재가 일어나 발사에 실패하고 말았어요. 이 때문에 3명의 우주인이 목숨을 잃었지요. 이후, 아폴로 8호는 1968년에 사람을 태운 채 발사되어 달 주위를 돌고 돌아왔어요. 아폴로 10호는 달 착륙 연습을 하고 왔지요. 드디어 1969년 아폴로 11호가 달 착륙에 성공했으며, 이후 12호, 14호, 15호, 16호, 17호까지 총 6번의 달 착륙이 더 있었어요. 아폴로 14호는 1971년 손수레를 사용해 연장을 나르고 달 표면에 있는 많은 양의 돌을 가져

왔어요. 아폴로 15호부터는 달에서 달릴 수 있도록
만든 월면차를 운행했지요.

아폴로 계획을 통해 아폴로 17호까지 총 6번에 걸쳐
달 착륙에 성공했고, 12명의 우주 비행사가 달 표면을 걸을 수 있었어요. 그리
고 각종 관측 장치를 달에 설치했으며 400kg이나 되는 달의 돌과 모래를 지구
로 가져와 전 세계 과학자들이 연구할 수 있는 기회를 마련했어요.

누가 최초로 우주에 갔을까?

1961년 4월 12일, 소련의 우주 비행사 유리 알렉세예비치 가가린(Yurii Alekseevich
Gagarin, 1934~1968)이 보스토크 1호를 타고 최초로 우주 비행에 성공했어요. 우
주를 2시간 남짓 최초로 비행한 유리 가가린이 '지구는 푸르다.'라고 한 말은
아주 유명해요. 유리 가가린보다 약 3년 먼저 1957년 11월 3일에 스푸트니크 2
호를 타고 우주를 비행한 생명체가 있었는데, 바로 '라이카'라는 개예요. 라이
카는 비록 살아 돌아오지는 못했지만 생명체가 우주 공간에서 살 수 있는지
알아볼 수 있는 소중한 자료를 남겨 주었어요.

우주를 비행한 최초의 한국인, 이소연

이소연(1978~)은 한국인 최초로 우주 여행을 했어요. 우리나라는 2000년 러시
아와 공동으로 우주 여행자 양성을 계획하였고, 2006년 우주 여행자 모집 공
고를 통해 모인 지원자 중 이소연이 우주인으로 최종 결정됐어요. 2007년 3월
부터 러시아의 유리 가가린 우주인 훈련 센터에서 우주 비행에 필요한 적응
훈련과 우주 과학 실험 수행을 위한 기초 훈련을 받았어요. 2008년 4월, 우주
선 소유스 TMA-12를 타고 우주 국제 정거장에 157번째로 탑승한 이소연은 10
여 일 동안 머물면서 18가지 우주 과학 실험 임무를 해냈어요.

12 우주의 비밀을 밝힌 열쇠, 〈리비트 법칙〉

★ 별의 주기와 밝기의 상관관계를 알아낸 리비트

100년 전, 천문대에서 별의 사진을 관찰하다가
별의 주기−광도에 대한 비밀을 찾아낸 리비트.
별의 밝기와 거리를 잴 수 있는 천문학의 기초를 마련한
리비트의 업적에 대해 알아보자.

20세기 천문학의 위대한 발견

허블의 법칙

'우주는 팽창한다.'

허블의 법칙 : 1929년 에드윈 허블이
외부 은하가 지구에서 멀어지는 현상을 발견.
우주가 팽창한다는 근거가 됨.

허블의 법칙을 탄생시킨 것은

리비트 법칙.

별이 얼마나 자주 반짝이는지

별은 얼마나 멀리 있는지

별에 대한 궁금증에서 시작된

리비트 법칙은 무엇일까?

 이름을 아는 별자리는 어떤 것이 있나요?

100년 전
계산해야 할 정보들이 산더미 같은
하버드 천문대

그 정보를 계산하는 사람은
남자보다 임금이 싼 젊은 여성들

그들이 하는 일은
밤하늘을 망원경으로 관찰하는 대신
낡은 책상 위에서 사진을 보며

별을 세는 것.

하루 종일

수천 개의 별을

밝기와 위치에 따라

기록하는

단순 노동이었다.

여기에 자원한

25세 헨리에타 스완 리비트 역시

날마다 별을 세고 또 세었다.

헨리에타 스완 리비트(1868~1921) :
미국의 천문학자. 변광성의
주기-광도 관계를 발견함.

그러던 어느 날 그녀가 찾아낸
이상한 별 1777개

그것은 맥박이 뛰듯 밝아졌다 어두워지는
'세페이드 변광성'

세페이드 변광성 : 세페우스자리에 있는
밝기가 변하는 항성. 반짝이는 변광 주기와
광도 사이에 정확한 관계를 가짐.

1.5일부터 127일까지
주기가 다른
무질서한 그들의 세계.

변광성 : 시간에 따라 빛의
밝기나 세기가 변하는 항성

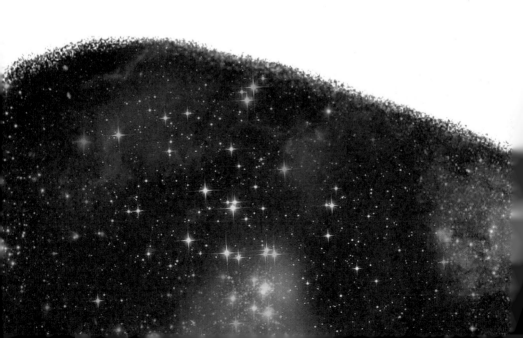

리비트가 그 속에서 찾아낸 질서

"변광성의 주기가 길수록
별의 밝기가 더 밝다."

그것은 별의 절대 밝기를 알 수 있는,
우주의 거리를 잴 수 있는
지표가 된다.

 변광성 주기 : 변광성의 밝기가
최대(최소)일 때부터 다시 최대(최소)가
될 때까지의 시간

 절대 밝기 : 모든 별이 10파섹(pc)이라는
일정한 거리에 있다고 보았을 때의 밝기

1912년 〈하버드 천문학 문고〉에 발표된
리비트의 논문인
'소마젤란은하에 있는 25개 변광성의 주기'는
당시 하버드 천문대 책임자인
피커링의 이름으로 발표되었다.
_《리비트의 별》, 프레시안 기사）

소마젤란은하 : 지구에서 약 17만
광년 떨어진, 우리 은하계보다
조금 더 작은 은하

에드워드 찰스 피커링(1846~1919) :
미국의 천문학자, 하버드 대학교
천문대장 역임

평생 성실한 자세로
별을 분석하다가
53세에 세상을 떠난

사람들에게서 잊혀진
헨리에타 스윈 리비트.

그리고 2년 뒤

안드로메다대성운의 거리를 증명하며

우주의 크기를 잰

천문학자 '에드윈 허블'

에드윈 허블(1889~1953) : 미국의 천문학자. 지구에서 안드로메다대성운까지의 거리를 계산하고, 세페이드 변광성을 이용해 '허블의 법칙' 발견

허블의 법칙을 밝힌 열쇠는

리비트의 '세페이드 변광성'이었다.

안드로메다대성운 : 안드로메다은하. 지구에서 약 200만 광년 떨어짐.

리비트는 노벨상을 받아도 될 만큼

위대한 발견을 했다.

리비트가 우주의 크기를 결정할 수 있는

열쇠를 만들어 냈다면

난 그 열쇠를 자물쇠에 넣고 돌렸을 뿐이다.

_(에드윈 허블)

리비트 법칙을 발견한 헨리에타 리비트

헨리에타 리비트(Henrietta Leavitt, 1868~1921)는 미국의 천문학자예요. 리비트는 래드클리프 대학교 4학년 때 천문학 강의를 듣고 우주에 관심을 갖게 되었어요. 졸업 후 1893년부터 하버드 대학교 천문대에서 별의 사진을 검사하는 계산수로 일했어요. 리비트가 맡은 일은 항성의 밝기를 확인하고 분류하는 작업이었어요. 리비트는 마젤란운하 사진에 나타난 수천 개의 변광성의 밝기를 기록하다가 밝은 것일수록 변광 주기가 길다는 특별한 관계를 찾아냈어요. 리비트는 연구를 계속하여 세페이드 변광성의 주기-광도에 대한 법칙을 찾아냈는데 이것이 '리비트 법칙'이에요.

이 법칙은, 세페이드 변광성을 이용해 은하까지의 거리를 잴 수 있기 때문에 중요하게 평가받고 있어요. 당시에는 우리 은하 이외의 은하는 없다는 의견이 많았는데, 리비트가 죽은 뒤 이 법칙을 토대로 허블이 멀리 떨어진 별의 거리를 측정해 안드로메다대성운이 은하라는 것을 밝혔어요.

우주는 팽창한다, 에드윈 허블

에드윈 허블(Edwin Hubble, 1889~1953)은 미국의 천문학자로, 은하의 속도-거리 법칙을 발견했어요. 허블은 제1차 세계 대전 후인 1919년 천문대에 근무하면서 우주의 크기와 은하계를 연구했어요. 1920년대 초, 허블은 안드로메다대성운에서 세페이드 변광성을 발견하고, 리비트 법칙을 토대로 안드로메다대성운까지의 거리를 측정했어요. 그 결과 안드로메다대성운은 우리 은하에 속하지 않고 멀리 떨어진 독립된 은하라는 것을 발견했어요. 이후 연구를 통해 40여 개의 은하를 연구한 허블은, 1929년 우리 은하에서 멀리 떨어진 외부 은하일수록 더 빨리 멀어진다는 허블의 법칙을 발견하고, 우주가 팽창한다는 이론을 내놓았어요.

허블이 죽고 난 뒤, 1990년에는 허블의 이름을 딴 허블 우주 망원경(Hubble space telescope)이 만들어졌어요. 허블 우주 망원경은 미국 항공 우주국에서 우주 왕복선을 이용해 지구 궤도에 올려놓은 망원경이에요. 허블 우주 망원경을 통해 은하의 모습을 자세히 관찰할 수 있고, 은하에 있는 블랙홀의 존재도 알 수 있었고, 우주가 어두운 암흑 에너지로 가득 차 있다는 사실도 확인할 수 있었어요. 지금도 허블 우주 망원경은 지구 상공 610km에서 지구 주위를 돌면서 우주 탐사를 하고 있답니다.

하버드대 천문대장, 피커링

에드워드 피커링(Edward Pickering, 1846~1919)은 미국의 천문학자로 리비트가 하버드 천문대에서 일할 당시 하버드 천문대장이었어요. 당시 천문대에는 처리해야 하는 정보가 많  았기 때문에 남성보다 임금이 낮은 여성 연구원을 많이 고용하여 정보를 분석하게 했어요. 이들은 남성 연구원보다 성실하게 일했기 때문에 피커링은 여성 연구원을 계속 고용했어요. 이 가운데 별의 스펙트럼을 발견한 애니 점프 캐넌(Annie Jump Cannon, 1863~1941)이나 변광성을 발견한 헨리에타 리비트(Henrietta Leavitt,. 1868~1921) 등은 천문학에 큰 업적을 남기기도 했어요. 피커링은 여성 연구원들의 도움으로 1890년에 1만 개 이상 항성의 빛에 따른 분류 목록을 완성하고 천문학에 많은 과학적인 업적을 이루었답니다.

하늘을 나는 꿈과 함께
〈박쥐 날다〉

★ 비행기를 최초로 만든 라이트 형제

자전거를 만들고 수리하던 라이트 형제는
하늘을 날고 싶다는 꿈 하나로 비행기 만들기에 도전한다.
자전거가 움직이는 원리를 이용해 비행기를 만든
라이트 형제의 꿈과 비행기 발명에 대해 알아보자.

"자전거는 어떻게 균형을 잡는 걸까?"

바퀴, 핸들, 페달, 체인……

모든 부품을 분해하고 조립한 끝에

두 손으로 자전거의 원리를 터득한
자전거 수리공,
라이트 형제.

라이트 형제 : 세계 최초의 동력
비행기를 만든 미국인 형제.
형 윌버 라이트(1867~1912)와
동생 오빌 라이트(1871~1948)

형제는 후에
비행기를 최초로 만들었다.

라이트 형제는
어떻게 비행기를 만들 수 있었을까?

 하늘을 날 수 있는 방법에는 어떤 것들이 있을까요?

1896년 8월 10일
라이트 형제의 눈에 들어온 짧은 신문 기사

'박쥐 날개 모양의 글라이더로
2000번 비행에 성공한
독일의 과학자 오토 릴리엔탈,
돌풍으로 추락해 사망하다.'

글라이더 : 바람이나 자신의
힘으로 날아가는 비행기

신문 기사를 보고 떠오른
어린 시절의 장난감

오토 릴리엔딜(1848~1896) :
독일의 항공 연구자. 최초로
유인 글라이더를 제작함.

'박쥐'
형제가 장난감 고무줄 헬리콥터에
지어 준 이름

어릴 적에 가지고 놀다 부서지면
박쥐 1호, 2호, 3호를 직접 만들었다.

"그래, 우리가 만들자.
하늘을 나는 박쥐를!"

낮에는 자전거를 만들고
밤에는 물리학·공학을 공부하면서
하늘을 나는 꿈을 꾼 형제.

하지만 아무리 생각해도
풀리지 않는 질문 하나

"비행기는
어떻게 균형을 잡아야 하지?"

연구하고 고민한 끝에
자전거에서 그 답을 찾아낸 형제.

"왼쪽으로 비틀거릴 때는 핸들을 오른쪽으로,
오른쪽으로 비틀거릴 때는 핸들을 왼쪽으로,
균형은 자전거를 탄 사람이 만드는 거야.
비행기도 마찬가지야!"

균형을 잡지 못하면
다시 만들고
추락해 산산조각이 나면
또다시 만들고

하루 20번 넘게,
석 달 동안 1000번 넘게
글라이더를 하늘에 띄운 형제.

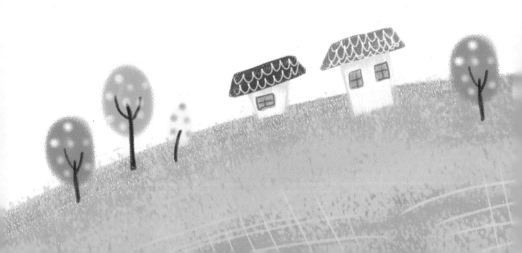

마침내 완성한 하늘을 나는 커다란 '박쥐'

플라이어 호.

형제는 마을 사람 모두를 초대했지만
모인 사람은 5명뿐이었다.

플라이어(Flyer) 호 : 라이트
형제가 만든 동력 비행기

무거운 비행기를 끌고
칼바람이 휘몰아치는 모래 언덕으로 올라가
드디어 하늘로 띄운다.

"1903년 12월 17일,
라이트 형제의 플라이어 호
처음으로 하늘을 날다."

하늘을 난 시간 12초
하늘을 날아간 거리 36m

남자아이의 달음박질보다
느린 비행기

하지만
굳게 닫혀 있던 하늘을 활짝 연
인류 최초의 사람이 탄 동력 비행기,
플라이어 호.

인류 최초로 비행기를 만들어 낸
라이트 형제는

뛰어난 과학자도
똑똑한 수학자도 아닌
하늘을 날고 싶은 꿈을 가진
자전거 수리공이었다.

형과 나는 밤이 되면 실험할 수 있는
아침이 빨리 오기를 기다렸다.
그 시절이 우리에게
가장 행복한 시간이었다.

_(오빌 라이트, 라이트 형제 중 동생)

하늘을 나는 꿈을 꾼 라이트 형제

라이트 형제는 미국 인디애나 주의 작은 농장에서 태어났어요. 형 윌버 라이트(Wilbur Wright, 1867~1912)와 동생 오빌 라이트(Orville Wrigh, 1871~1948)는 어려서부터 기계를 다루는 데 뛰어난 재능을 보였어요. 형제는 독학으로 인쇄 기계를 만들기도 하고, 자전거를 수리하기도 했어요. 이후 자전거 판매 사업을 통해 번 돈으로 비행기 만드는 꿈을 키워 나갔어요. 라이트 형제는 1903년, 노스캐롤라이나의 키티호크에서 최초의 동력 비행기인 '플라이어 1호'를 완성하여 하늘을 날았어요. 첫 비행에서는 12초밖에 날지 못했지만, 1905년에는 세계 최초의 실용 비행기인 '플라이어 3호'를 만들어 30분 이상 공중에 떠 있었어요. 라이트 형제는 이 비행기로 특허를 신청해 1906년에 특허를 얻어 냈어요.

이후 라이트 형제의 비행기가 상품화되었고, 1909년에는 미군에 군용 비행기를 팔기도 했어요. 러시아와 이탈리아도 라이트 형제의 비행기를 구입하고, 프랑스는 라이트 조종사 군사 훈련 학교까지 열었지요. 라이트 형제의 비행기 발명은 항공 기술의 혁신적인 발전을 이끌었어요.

인류 최초의 비행기, 플라이어 호

1903년에 라이트 형제가 만든 플라이어 호는 최초로 비행에 성공한 비행기예요. 라이트 형제는 이 비행을 위해 약 7년 동안 연구하고 실험했어요. 첫 번째 플라이어 호는, 나무로 뼈대를 만든 길이 12m 정도의 날개에 천을 씌운 뒤, 위와 아래 날개를 줄로 이은 모양이었지요. 플라이어 호는 동력 추진을 사용한 최초의 비행기로 연료를 태워 프로펠러를 돌리고, 이를 통해 추진력을 얻는 방식이었어요. 첫 비행은 동생인 오빌 라이트가 했어요. 오빌 라이트는 활주로를 달려 나가 36m 정도를 날아갔어요. 12초 동안의 아주 짧은 비행이었지만 인류 최초로 비행기가 하늘을 난 순간이었어요. 플라이어 호는 같은 날 3번 더 비행에 성공했어요.

레오나르도 다빈치, 비행기를 설계하다

라이트 형제보다 먼저 하늘을 나는 비행기를 생각한 사람은 이탈리아의 화가 레오나르도 다빈치(Leonardo da Vinci, 1452~1519)예요. '모나리자', '최후의 만찬' 등을 그린 유명한 르네상스 시대의 예술가 다빈치는 건축, 공학, 발명에도 관심이 많았어요. 다빈치는 새가 나는 모습을 연구하여 〈새들의 비행에 관해〉(1505)라는 자료를 남겼으며, 하늘을 나는 기구를 설계했어요. 하지만 당시 과학 기술이 충분히 발달하지 못했기 때문에 실제로 하늘을 나는 꿈을 실현할 수는 없었어요.

몽골피에 형제의 열기구

하늘을 날고 싶은 꿈은 프랑스의 몽골피에 형제에게도 있었어요. 조제프 미셸 몽골피에(Joseph-Michel Montgolfier, 1740~1810)와 자크 에티엔 몽골피에(Jacques-Etienne Montgolfier, 1745~1799) 형제는 공기를 데우면 가벼워져 위  쪽으로 올라간다는 원리를 이용해 열기구를 만들었어요. 공기주머니를 종이와 헝겊으로 만들고, 짚을 태워 공기주머니 안의 공기를 데워서 하늘로 띄워 올렸지요. 몽골피에 형제는 이런 방법으로 1783년에 사람을 태운 열기구를 하늘에 날려 보내는 데 성공했어요.

과학의 기본,
사람이 주인이다

건강한 삶을
꿈꾸다

다이어트의 필수 체크 요소, 〈칼로리〉

★ 음식에 들어 있는 열량, 칼로리

다이어트를 할 때 대부분 가장 먼저 하는 것은 적게 먹기,
그리고 음식마다 칼로리를 계산해 더 적은 칼로리 섭취하기.
칼로리는 음식물의 영양가를 열량으로 환산한 단위이다.
칼로리의 개념은 처음 어떻게 생겨났는지 알아보자.

한 가지 음식만 먹는 다이어트,

탄수화물의 섭취를 제한하는 다이어트,

탄수화물, 단백질, 지방을

황금 비율로 섭취하는 다이어트 등

전 세계적으로 알려진 다이어트 방법은

수만 가지나 된다.

다이어트 : 체중을 줄이거나
건강 증진을 위해 음식 섭취를
조절하는 방법

그런데 다이어트를 할 때

반드시 고려해야 하는

한 가지

칼로리 : 열량의 단위.
식품의 열량 값을 계산하는 데
사용됨.

칼로리.

 먹었을 때 살이 많이 찐다고 생각하는 음식은 무엇인가요?

1918년 출간되어

200만 부 넘게 팔린 베스트셀러

〈다이어트와 건강, 칼로리의 비밀〉

_(룰루 헌트 피터스, 미국의 내과 의사)

★
★★ 룰루 헌트 피터스(1873~1930) :
미국의 내과 의사 · 작가.
다이어트 방법으로 칼로리 계산하는
방법을 최초로 대중화시킴.

그 책에 실린 다이어트 비법

'초기에 금식을 한 뒤 1200kcal 이상

먹어서는 안 된다.'

이후

칼로리 제한 다이어트가 널리 유행했다.

★
★★ 칼로리 제한 다이어트 : 조리법이나
음식 종류에 따라 음식의 칼로리를
조절해서 하는 다이어트

갈수록 다이어트에 대한 욕심은 커져 갔고,
칼로리 제한도 높여 갔다.

1928년, 하루 600~750kcal 권장
1938년, 하루 400kcal 권장

그러다 급기야
다음 말에 솔깃해진다.

귀찮게 칼로리 수치를 낮게 유지할 필요도 없다.
아예 먹지 마라.
_《다이어트의 최종 기회》, 1976년

칼로리는 무엇이며
그 수치는 어디에서 나온 것일까?

칼로리는,

음식에 들어 있는 열량의 단위로

영양학에서는 몸이 사용하는 에너지를 뜻한다.

칼로리를 처음 계산한 사람은
19세기 미국의 농화학자
윌버 애트워터.

윌버 애트워터(1844~1907) :
미국의 농화학자. 칼로리의
개념을 만들었음.

애트워터는 가난한 노동자가 최저 비용으로

필요한 열량을 섭취할 방법을 찾기 위해

약 1000가지 식품에 포함된

칼로리를 계산했다.

애트워터는 식품을
육체의 연료로 생각하고

음식물의 영양소가
우리 몸에서
단백질과 탄수화물은 1g당 4kcal,
지방은 1g당 9kcal의
에너지를 발생하는 것으로 계산했다.

그리고
육체 노동자의 일의 강도를
강하다, 중간, 가볍다 등

몇 가지 등급으로 분류해
몸에 꼭 필요한 칼로리를 구했다.

그러나
소화율이나 기초 대사량,
개인의 특성, 음식의 원재료,
조리 방법에 따라

기초 대사량 : 생물체가 생명을
유지하는 데 필요한 최소한의
에너지의 양

칼로리는
큰 차이가 생길 수 있다.

그리하여
칼로리 계산법을 둘러싼 논란은
100여 년 동안 계속되었다.

하지만
애트워터 계산법을 대신할
실질적인 방법은 아직도 없다.

가난한 노동자의 건강을 위해 만들어져
1890년대부터 사용해 왔던
애트워터의 칼로리 계산법

오늘도 다이어트를 하는 많은 사람은
이 방법으로 계산한
칼로리를 이용하고 있다.

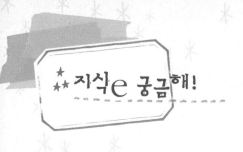

칼로리

칼로리는 열량의 단위예요. 칼로리라는 말은 '열'을 뜻하는 라틴 어 '칼로르 (calor)'에서 왔어요. 물 1g의 온도를 1℃만큼 올리는 데 필요한 에너지를 1칼로리(cal)라고 해요. 그리고 영양학에서 칼로리는 음식물의 영양가를 환산해 열량으로 나타낸 단위를 말해요. 농화학자 윌버 애트워터(Wilbur Atwater, 1844~1907)는 식품에 들어 있는 영양소에 따라 발생하는 에너지를 구해 칼로리를 계산했어요. 에트워터의 계산 방법에 따르면, 1g당 탄수화물은 4kcal, 지방은 9kcal, 단백질은 4kcal의 열량을 내요. 어떤 식품에 탄수화물이 50g, 지방이 30g, 단백질이 100g이 들어 있다면 (50×4)+(30×9)+(100×4)=870. 즉 칼로리는 870kcal인 거지요. 우리가 흔히 먹는 과자 봉지에도 이런 방법으로 계산된 칼로리가 적혀 있어요. 일반적으로 밥 한 공기는 300kcal 정도랍니다.

하루에 필요한 칼로리는?

우리 몸은 생명을 유지하는데 필요한 최소한의 에너지인 기초 대사량과 몸을 움직이는 데 필요한 에너지인 작업 대사량을 위한 칼로리가 필요해요. 일반적으로 성인의 1일 권장 칼로리는 남자 2700kcal, 여자 2000kcal 정도예요. 하지만, 작업 대사량은 개인마다 활동량이 다르기 때문에 일반적으로 체중이나 키를 참고해 필요한 칼로리를 계산하지요.

하루에 필요한 칼로리를 계산하는 방법은 몇 가지가 있어요. 키를 이용해 표준 체중을 구하고 여기에 작업 대사량을 곱해 열량을 얻는 방법을 알아 보아요. 먼저 남자와 여자를 구분해 남자는 키(m)×키(m)×22, 여자는 키(m)×키(m)×21로 계산해요. 예를 들어, 키가 180cm인 남자의 표준 체중은 1.8×1.8×22=71.28kg이에요. 이렇게 표준 체중을 구하고 여기에 작업 대사량을 곱하면 돼요. 만약 활동이 많은 경우라면 40(kcal)를 곱하지요. 그리하여 이 사람에게 하루에 필요한 칼로리는 71.28×40으로 2851.2kcal가 돼요. 활동량에 있어서는 만약 육체적인 활동이 거의 없는 경우라면 표준 체중에 30(kcal)을, 보통의 활동을 하는 경우라면 표준 체중에 35(kcal)를, 운동을 많이 하거나 심한 육체 활동을 한다면 표준 체중에 40(kcal)을 곱하면 돼요.

바람직한 다이어트

다이어트는 체중을 줄이거나 건강 증진을 위하여 식사량을 제한하는 것을 말해요. 다이어트를 할 때에는 음식을 먹는 양보다 열량 소비량이 더 많도록 조절해야 해요. 최근에는 성인뿐만 아니라 어린이 비만도 늘어나고 있어요. 그만큼 다이어트를 하려는 사람도 많아지고 있지요. 그런데 적정 체중인데도 스스로 뚱뚱하다고 생각하는 성장기 어린이들이 무리하게 다이어트를 하는 경우도 늘고 있대요.

성장기 어린이가 다이어트를 할 경우, 한 가지 음식만을 섭취하거나 음식 섭취량을 지나치게 줄이면 영양 불균형을 가져와 성장에 방해가 될 수 있어요. 또 임산부나 노인이 지나친 저열량 다이어트를 할 경우, 태아가 위험해지거나 노인들의 건강이 매우 빠르게 나빠질 수 있어요.

다이어트를 할 때에는 개인의 몸 상태를 먼저 생각해야 해요. 칼로리를 정확히 계산해서 음식을 먹어야 한다는 편견도 버리는 것이 좋아요. 같은 음식이라도 개인마다 소화되고 흡수되는 칼로리가 달라 정확히 칼로리를 계산하는 것은 쉽지 않아요. 칼로리 때문에 스트레스를 받으며 고민하기보다는 규칙적인 운동으로 건강을 지키는 것이 장기적으로 다이어트에 도움이 된답니다.

우리 몸을 지켜 주는
〈혈액〉

★ 몸 안에서 뜨겁게 흐르는 혈액

온몸 구석구석 퍼져 있는 혈관을 따라 여행하는 혈액.
혈액이 심장을 출발해 온몸을 돌고
다시 심장으로 돌아오는 데 걸리는 시간은 1분.
한시도 쉬지 않고 온몸을 돌며 혈액은 어떤 일을 하고 있을까?

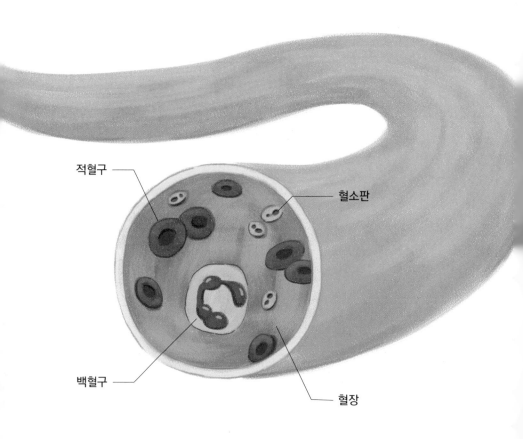

적혈구

혈소판

백혈구

혈장

혈액은 혈관을 타고
온몸으로 여행을 떠난다.

우리 몸무게의 8%인
혈액은

> ★
> ★★ 혈장 : 혈액 속의 적혈구, 백혈구,
> 혈소판 등을 제외한 중성의 액체

> ★
> ★★ 혈구 : 혈장 속을 떠다니는
> 세포로 적혈구, 백혈구, 혈소판.
> 혈액의 고체 성분이다.

물로 이루어진 혈장과
세포로 이루어진 혈구로 되어 있다.

혈장 속을 떠다니는 혈구는

산소를 운반하는 적혈구,
바이러스와 싸워 주는 백혈구,
피를 멎게 해 주는 혈소판으로
이루어져 있다.

혈액이 여행을 떠나는 목적은?

 우리 몸에서 맥박을 느낄 수 있는 곳은 어디일까요?

여행의 시작은
심장

가장 뜨거운 곳에서
출발하는 여행이다.

여행의 참가자는
하루 약 7t의 혈액

그들의 여행지는
온몸 구석구석.

폐
뇌
간
장
손
발······.

그리고 출발지인 심장으로
다시 돌아오는 시간 1분.

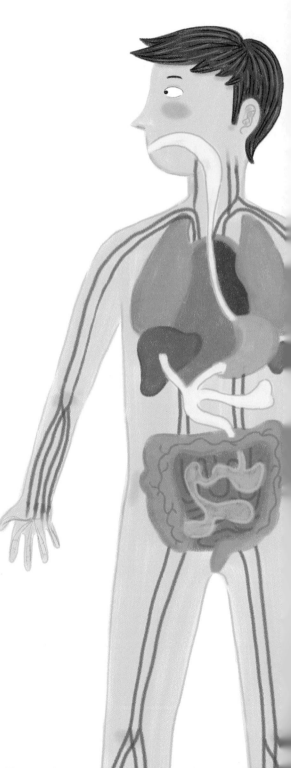

혈액은

1분의 짧은 시간 동안

120mmHg의 압력을 견디며

★
★★
혈압 : 심장에서 혈액을 밀어낼 때
혈관 벽에 미치는 압력. 표준 혈압은
최고 120mmHg, 최저 80mmHg

자신의 몸보다

작은 길을 지나갈 때는

온몸을 찌그러뜨리고

적이 나타나면

자신의 몸을 던져 적을 물리치고

상처가 나면

스스로 응고제가 되어

출혈을 멈추게 한다.

이 모든 일을 하기 위해

하루에
2000억 개의 적혈구가
100억 개의 백혈구가
4000억 개의 혈소판이
태어나

짧게는 몇 시간
혹은 수십 일 동안 생존한다.

혈액이 지나가는 내 몸의 혈관을
모두 연결하면
지구 2바퀴 반

10만 km의 혈관을 흐르는
혈액.

이 여행의 유일한 목적은
바로 나.

산소를 온몸에 전해 주고
노폐물을 분해하거나 밖으로 내보내고
세균이나 바이러스를 막아 주고
체온을 고루 조절해 주면서

밥을 먹을 때에도
공부를 하거나 놀 때에도
꿈을 향해 앞으로 나아갈 때에도

나를 지키기 위해
내 몸 안에서 뜨겁게 흐르는
혈액.

지식e 궁금해!

혈액 속의 우리 몸 지킴이 4총사

우리 몸의 혈액량은 약 4~6ℓ 정도이며 몸무게의 약 8%를 차지하고 있어요. 혈액은 혈관을 따라 온몸을 돌며 산소나 영양분을 온몸 구석구석으로 보내고, 각 세포에서 만들어진 노폐물을 피부나 신장 등을 통해 몸 밖으로 내보내요. 혈액 속에는 우리 몸을 지키는 4총사가 들어 있어요. 적혈구, 백혈구, 혈소판, 혈장이에요. 적혈구는 헤모글로빈이라는 붉은색 단백질을 이용해 산소를 운반해요. 우리 몸속의 혈액에는 1mm³당 약 500만 개의 적혈구가 있어요. 1초에 200만 개씩 파괴되고 새로 만들어지는데 적혈구에 문제가 생기면 빈혈이 생기기도 해요. 혈소판은 상처가 났을 때 피를 멈추게 해 주어요. 상처가 나면 피가 난 후 딱지가 생기는데, 그것은 혈소판이 공기와 만나 외부의 균이 침입하지 못하도록 막을 만든 거예요. 혈소판은 혈액 1mm³당 30만~50만 개가 있으며, 부족할 경우 멍이 잘 들고 쉽게 코피가 나요. 백혈구는 질병으로부터 몸을 지켜 주어요. 세균이나 바이러스 같은 해로운 균이 몸속에 들어오면 공격해서 물리쳐요. 혈액 1mm³당 6000~8000개가 있어요. 혈장은 수분으로 이루어져 있는데 영양소나 호르몬 등을 운반하며 체온을 유지해 주는 역할을 해요. 혈액이 지나가는 길인 혈관은 동맥, 정맥, 모세 혈관으로 이루어져 있어요. 동맥은 혈액을 심장에서 몸의 각 부분으로 보내 주는 혈관이에요. 동맥을 흐르는 혈액에는 산소와 영양분이 많이 포함되어 있어요. 이런 동맥의 혈액이 손가락 끝, 발가락 끝까지 구석구석 닿을 수 있게 그물처럼 뻗어 있는 혈관이 모세 혈관이에요. 정맥은 혈액이 모세 혈관까지 갔다가 다시 심장으로 돌아오는 혈관을 말해요.

헌혈, 왜 필요할까?

헌혈은 건강한 사람이 자신의 혈액을 기부하는 일이에요. 혈액은 우리 몸에 꼭 필요하지만 인공적으로 만들어 내지는 못해요. 그렇기에 사고를 당하거나 치료를 위해 피가 부족한 환자에게는 수혈을 통해 혈액을 공급해 주어야 해요. 사람의 혈액은 계속 생성되기 때문에 두 달 간격으로 헌혈해도 건강에는 이상이 없어요. 대신에 너무 많은 양을 헌혈하거나 자주 하면 안 돼요. 우리나라에서는 1회 헌혈량을 400ml로 제한하고 있어요.

헌혈한 사람에게는 헌혈한 사실을 증명하는 증서가 발급되고, 그 사람이 수혈이 필요한 경우 헌혈한 만큼의 혈액을 전국 모든 의료 기관에서 무료로 받을 수 있어요.

혈액형을 예측하는 방법

혈액형은 부모로부터 유전돼요. 그래서 부모의 혈액형을 알면 어떤 혈액형을 가진 자녀가 태어날지 예측할 수 있어요. 혈액형을 분류하는 방식은 몇 가지가 있는데 우리가 흔히 쓰는 것이 ABO식이에요. 이 ABO식에 따르면 혈액형에는 A형, B형, AB형, O형의 4종류가 있어요. 각각의 혈액에는 2개의 인자가 있지요. A형은 AA, AO, B형은 BB, BO. AB형은 AB, O형은 OO를 가지고 있어요. 자녀의 혈액형은 부모가 가진 혈액형의 인자 중 각각 하나씩 받아 결정되지요.

예를 들면, 부모가 AA와 BB일 경우 A형과 B형은 AB형만 나올 수 있어요. AO, BO일 경우는 A형, B형, AB형, O형 자녀가 모두 나올 수 있지요. 그리고 부모가 모두 O형이면 O형 자녀만 태어날 수 있으며, AB형과 O형 부모가 결혼하면 A형이나 B형 자녀가 나오게 되는 것이지요. 하지만 희귀한 혈액형의 경우 이 법칙을 따르지 않는 경우도 있답니다.

16 희생정신으로 인류애를 보여 준 〈잊혀진 이름들〉

★ 세상에서 가장 숭고한 실험을 한 과학자들

위염의 원인을 알아내기 위해 박테리아를 마시고,
병의 전염 경로를 알기 위해 환자가 토해 낸 것을 먹고,
진드기의 전염성을 알아보기 위해 귓속에 진드기를 키운 과학자.
생명의 위험을 무릅쓴 과학자들의 인류애를 알아보자.

여기에 나오는 실험들은 충분한 지식이 있는 과학자들이
사전 연구를 통해 결과를 예측하고 만약의 사태를 대비한 후
진행한 것입니다. 어린이는 절대 따라 하면 안 됩니다.

며칠 밤낮을 생각하고 또 생각한 뒤

비커 속 액체를 꿀꺽 삼킨 남자

비커 속에 든 액체의 정체는

위염 환자에게서 나온

박테리아 10억 마리.

박테리아 : 세균. 현미경으로만 관찰
가능한 아주 작은 단세포 생물

"강한 산성 물질인 위산이 나오는

위에서는

세균이 절대 살 수 없습니다."

위산 : 위액 속의 산성 물질

위염은 스트레스 때문이라는

고정 관념을 깨기 위해

스스로 실험 대상이 된 남자.

생각해보기 과학 실험을 위해 위험을 무릅써야 한다면 어떤 기분일까요?

"시시각각 몸에서 나타나는 반응에
두려움보다 기쁨이 컸습니다."

일주일 후
소원대로 위염에 걸린 남자가
밝혀낸 사실

**위염의 원인은 스트레스가 아닌
헬리코박터 파일로리 균이라는
박테리아 때문입니다.**
_(배리 마셜)

★
★★ 헬리코박터 파일로리 균 : 사람의
위장에 사는 나선형의 세균

★
★★ 배리 마셜(1951~) : 오스트레일리아의
의사 · 미생물학자. 헬리코박터 파일로리
박테리아 배양에 성공

2005년, 배리 마셜은
헬리코박터 파일로리 균으로
노벨 생리학 · 의학상을 받았다.

그리고

자신을 실험 대상으로 삼은
또 다른 과학자들

★
★★ 황열병 : 아프리카와 남아메리카
지역에서 유행하는, 모기에 의해
전염되는 열병

1802년
황열병 환자의 토사물을 먹고
그 병은 사람을 통해
전염되지 않는다는 것을 밝힌
스터빈스 퍼스.

★
★★ 스터빈스 퍼스(1784~1820) :
미국의 펜실베이니아 의대에서
황열병 연구로 박사 학위를 받음.

★
★★ 맘바 : 맹독을 지닌 코브라

★
★★ 치사량 : 생체를 죽음에 이르게
할 정도로 많은 약물의 양

1928년
스스로 맘바 독을 주사해
독의 치사량을 알아낸
아이겐베르거.

1968년
자신의 귓속에 진드기를 키우며
고양이 귀 진드기의 생태를 밝혀낸
뉴욕의 수의사 로버트 로페즈.

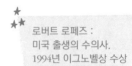

로버트 로페즈 :
미국 출생의 수의사.
1994년 이그노벨상 수상

그들은 말했다.
"누군가는 반드시 해야 할 일이기에
위험하다고 생각해 본 적 없소."

그러나
그들이 실험하는 동안 따라다녔던 꼬리표
'쓸모없는 실험만 하는 괴짜'.

"저런 말도 안 되는 행동이나 하는 사람이
내 동료라는 게 창피할 뿐이오."

그렇게 주목 받지 못하고
사람들의 기억 속에서 사라져 간 이름들.

나를 가장 힘들게 한 것은
실험을 하다 병을 얻는 게 아니라
고정 관념에 사로잡힌 과학자들의 조롱이었다.

_(배리 마셜, 2005년 노벨 생리학 · 의학상 수상)

하지만
그들은 몸을 돌보지 않는 인류애로
병의 원인을 밝혀
수많은 사람의 목숨을 살린

위대한 과학자이다.

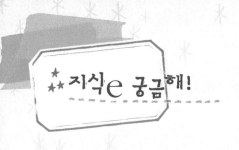

위궤양의 원인을 밝혀낸 배리 마셜

배리 마셜(Barry Marshall, 1951~)은 오스트레일리아 태생의 의사이면서 미생물학자예요. 그는 위 속에 살고 있는 헬리코박터 균을 발견한 사람이에요. 1970년대까지는 위에는 강한 위산이 있기 때문에 세균이 살 수 없다며 위궤양은 스트레스와 잘못된 식습관 때문에 생긴다고 믿었어요. 그런데 오스트레일리아의 존 로빈 워런(John Robin Warren, 1937~)이 위 내시경 검사를 한 환자의 위에서 나선형 박테리아를 발견한 후 이 박테리아가 위염을 일으킨다는 주장을 했어요.

배리 마셜은 워런의 발견에 관심을 갖고 연구를 계속해 위 속에 살고 있는 박테리아를 찾아냈어요. 그 박테리아를 '헬리코박터 파일로리'라고 이름 지었어요. 그런 다음 자신이 직접 헬리코박터 균이 들어 있는 박테리아를 물에 타서 마시고 위염에 걸린다는 것을 사람들에게 증명해 보였어요. 또한 항생제를 먹고 위궤양과 위염이 치료되는 모습까지 확인시켰어요. 그때부터 위궤양은 약으로 치료되는 질병으로 분류됐어요. 헬리코박터 균은 위염과 위궤양, 십이지장 궤양 같은 질환을 일으켜요. 헬리코박터 균의 감염은 위암을 일으키는 원인 중 하나로 알려져 있어요. 2005년, 배리 마셜과 로빈 워런은 헬리코박터 파일로리 균을 발견한 공로로 노벨 생리학·의학상을 수상했어요.

스터빈스 퍼스, 황열병 환자의 토사물을 먹다

황열병은 말라리아와 함께 모기가 옮기는 질병 가운데 하나예요. 아프리카와 남아메리카 지역에서 유행하는데, 모기에 물렸을 때 모기의 침 속에 있던 바이러스가 몸속 혈액에 침투하여 일으키는 병이에요. 감염이 되면 열이 나고 두통, 식욕 상실, 구토 증상이 나타나요. 대부분의 경우 3~4일이 지나면 증상이 사라지지만, 일부는 심하게 앓거나 사망에 이르기도 해요.

1793년 미국에서는 황열병 때문에 10만~15만 명이 사망했어요. 이를 계기로 많은 의사와 과학자들이 황열병에 대해 연구했어요. 1804년 펜실베이니아 의과 대학에서 공부하던 스터빈스 퍼스(Stubbins Ffirth, 1784~1820)도 황열병에 대해 연구했어요. 퍼스는 황열병이 환자로부터 전염되지 않는다고 믿고, 황열병 환자의 토사물을 먹어 보았어요. 그 결과 그는 황열병에 걸리지 않았으며 이로써 황열병은 환자로부터 직접 전염되지 않는다는 것이 증명되었지요. 이후 약 100년이 지나서야 황열병을 전염시키는 것은 모기라는 게 증명됐어요.

로버트 로페즈, 고양이 귀 진드기를 귓속에 키우다

고양이 귀 진드기는 고양이 귓속에 살면서 가려움증과 염증을 일으키는 질병이에요. 1968년, 뉴욕의 수의사 로버트 로페즈는 어느 날 귀 진드기 때문에 가려워하는 고양이를 치료했어요. 그러다 고양이 주인도 귀를 긁는 것을 보고 혹시 사람에게도 전염이 되는지 의문을 갖게 됐어요. 이를 밝히기 위해 자신의 귓속에 진드기를 키웠어요. 가려움증과 냄새는 있었지만 실험을 거듭해 고양이 귀 진드기는 사람에게 옮지 않는다는 것을 밝혀냈어요.

로페즈는 1994년에 괴짜들의 노벨상이라 불리는 이그노벨상 곤충학 연구 부문을 수상했어요. 이그노벨상은 노벨상을 풍자해 만든 상이에요. 미국 하버드 대학교의 유머 과학 잡지인 〈애널스 오브 임프로버블 리서치(AIR)〉에서 과학에 대한 관심을 일으키기 위해 1991년에 만들었어요. 다시 할 수도 없고 해서도 안 되는 기발한 연구, 생각하기 어려운 발상 또는 획기적인 업적에 주는 상이에요.

지뢰를 제거하러 굴러간다, 〈소년의 장난감〉

★ 바람의 힘으로 굴러가다 지뢰를 터뜨리는 마인카폰

땅속에 묻혀 있다 누군가 밟아야만 폭발하는,
수많은 인명 피해를 낸 전쟁의 아픈 상처, 지뢰.
그런데 인명 피해 없이 지뢰를 찾아 터뜨리는 마인카폰이 발명됐다.
마인카폰을 발명한 마수드의 이야기를 들어 보자.

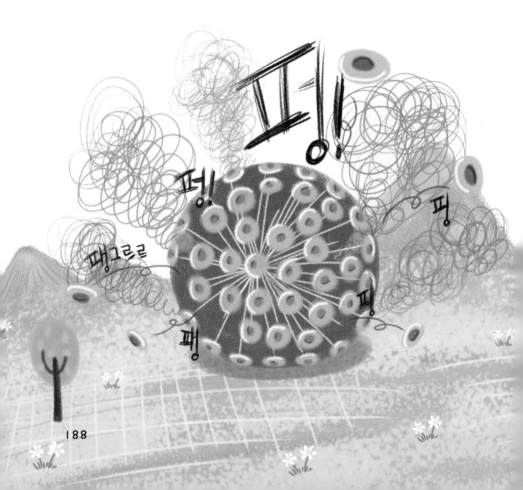

동그란 발
긴 막대

어? 바람이 불면 굴러가네!

떼굴떼굴 떼구르르 ……

펑!

지뢰 : 땅속에 묻어 두고, 그 위를 사람이나 차량 따위가 지나가면 폭발하도록 만든 폭탄

으악, 지뢰가 폭발했다.
그런데 다친 사람은 없다.

어떻게 된 것일까?

생각해
보기 지뢰를 밟으면 어떻게 되는지 알고 있나요?

189

아프가니스탄의 수도, 카불
끊임없는 전쟁의 포화 속

그곳에서 뛰어노는 것이 전부인
다섯 살 소년 마수드.

마수드 하사니(1983~   ) :
아프가니스탄 태생의 네덜란드
디자이너. 마인카폰 발명

"저긴 절대로 넘어가면 안 돼."

마구 달리다가도 항상 멈춰 서야 했던
산 너머 지뢰밭.

땅속에 묻혀 있는 지뢰

누군가 밟아 사고를 당해야만
비로소 지뢰 위험 표지판이 세워진다.

지뢰 사고로
다리를 잃은 친구와
가족을 떠나보낸 이웃이 늘어 갔다.

그리고
지뢰 사고로 아버지를 잃은 마수드
"나는 왜 이런 위험한 곳에서 태어났을까?"

마수드는 14세가 되자
탈출하듯 고향을 떠났다.

하지만 10년이 지나도
지뢰 사고의 아픔은 지워지지 않았고
여전히 계속되는 지뢰의 위협이 답답했다.

"내가 할 수 있는 일은 없을까?"

그때 마수드의 머릿속에 떠오른
장난감 하나

종이와 빨대로 만든
어딘가 독특한 생김새.

'그 장난감이 커진다면?'

마인카폰(Mine Kafon) :
지뢰 제거기. '마인(mine)'은 영어로
지뢰, '카폰(kafon)'은 아프가니스탄
말로 폭발이라는 뜻

마수드의 손에서
다시 만들어진 장난감
'마인카폰',

마인카폰은 '지뢰가 폭발한다'는 뜻이다.

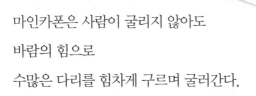

마인카폰은 사람이 굴리지 않아도
바람의 힘으로
수많은 다리를 힘차게 구르며 굴러간다.

그러다 지뢰를 밟으면?

펑!
지뢰는 폭발한다.

그러나
어느 누구도 다치지도 죽지도 않는다.

지뢰 1개를 없애는 데 드는 비용은
1000달러

하지만
마인카폰 1개를 만드는 비용은 60달러.
마인카폰 하나로
제거할 수 있는 지뢰 4개,
구할 수 있는 여러 사람의 생명.

2011년에
처음 굴리기 시작한 마인카폰은
아직도 지뢰 제거 임무를 수행 중이다.

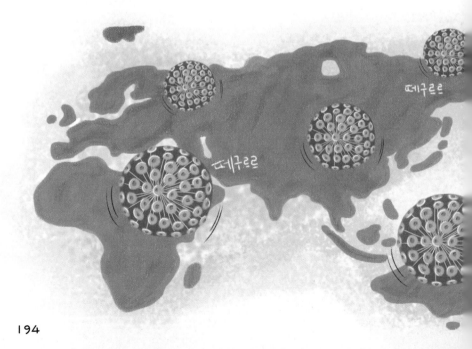

모든 것이 오늘을 위해 걸어온 길이었어요.
내 이름 마수드(Massoud)는
이 모든 것을 위한 도구(method)가 되라는
뜻이었던 것 같아요.
_(마수드 하사니)

마수드는
더 많은 지뢰를 없애기 위해
지금도 더 나은 지뢰 제거 기기를 개발 중이다.

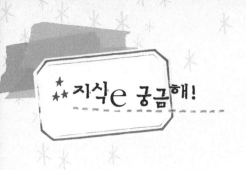

사람을 구하는 장난감, 마인카폰

지뢰는 땅속에 묻혀 있다가 사람이 밟거나 차량의 압력을 받으면 폭발하는 무기예요. 다른 무기와는 달리 눈에 보이지 않기 때문에 폭발하기 전에는 확인하기 어려워요. 전쟁 중에 묻어 두었던 지뢰는 전쟁이 끝난 후에도 찾기가 어려워서 대부분 방치되고 있어요. 그래서 지뢰가 있는 줄 모르고 지나가던 사람이 밟으면 바로 폭발해 생명을 앗아 가거나 부상을 입히곤 해요. 1996년 UN의 발표에 따르면 전 세계에 1억 개가 넘는 지뢰가 묻혀 있고, 지뢰 폭발로 목숨을 잃거나 불구가 되는 사람은 매년 수만 명이나 된대요.

아프가니스탄 태생의 마수드 하사니(Massoud Hassani, 1983~)는 사람이 다치지 않으면서 지뢰를 제거할 수 있는 마인카폰(Mine Kafon)을 만들었어요. '마인(Mine)'은 영어로 '지뢰', '카폰(Kafon)'은 아프가니스탄 말로 '폭발'이라는 뜻이에요. 마인카폰은 대나무, 플라스틱, 고무를 사용해 만들어요. 사방으로 뻗어 나간 대나무 가지에 수많은 플라스틱 발판을 모두 끼우면 커다란 공 모양이 되지요. 사람이 따로 굴리지 않아도 바람이 부는 대로 이리저리 굴러다니며, 지뢰가 있는 땅 위를 자극하도록 만든 것이지요.

하지만 마인카폰은 바람이 불지 않으면 움직이지 못하고, 지뢰가 없는 곳으로만 굴러갈 수도 있으므로 지뢰를 모두 제거하기는 어려워요. 그렇지만 지뢰를 하나라도 더 없앨 수 있다면 사고를 당하는 사람이 그만큼 줄어들 거예요. 그것만으로도 마인카폰의 효과는 크다고 할 수 있어요. 마수드 하사니는 더 많은 지뢰를 제거할 수 있는 완벽한 지뢰 제거기를 만들기 위해 연구를 계속하고 있어요.

그리고 마수드 하사니는 2012년부터 마인카폰 프로젝트를 시작했어요. 그것은 마인카폰을 많이 만들어서 지뢰로 인한 인명 피해를 줄여 보자는 운동으로, 마인카폰을 만들기 위한 후원금 모금과 캠페인을 벌이고 있답니다.

지뢰 피해가 많은 아프가니스탄

아프가니스탄의 공식 국가명은 아프가니스탄 이슬람 공화국이에요. 아시아에 위치하며 이란의 동쪽에 있는 나라지요. 국토 대부분이 해발 고도 1000m를 넘는 고원이에요. 아프카니스탄은 19세기 후반에 계속되는 내란을 겪고, 소련의 침공을 받는 등 수많은 전쟁을 겪었어요. 그리고 2001년 미국 뉴욕의 세계 무역 센터 쌍둥이 빌딩을 무너뜨린 9 · 11 테러 사건 이후, 테러를 일으켰던 오사마 빈 라덴을 넘겨 달라는 요구를 거부하다 미국과 영국 등의 공격을 받았어요. 이러한 끊이지 않는 전쟁 때문에 국토 곳곳에 지뢰가 많이 묻혀 있어요. 그런 만큼 지뢰 피해가 심각한 곳이랍니다.

대인 지뢰 금지 협약

1997년, 캐나다의 오타와에서 살상을 목적으로 만든 지뢰의 사용을 금지하는 국제 협약을 체결했어요. 이를 '대인 지뢰 금지 협약' 또는 '오타와 협약'이라고 해요. 협약의 내용은, 가입한 나라는 가지고 있는 지뢰를 모두 버리고, 땅속에 묻혀 있는 지뢰도 제거해야 하며, 지뢰로 인한 희생자를 보호하고 재활에 힘써야 한다는 것이에요. 전 세계 160여 나라가 이 협약에 참여하고 있지만 우리나라를 비롯해 북한 · 미국 · 중국 · 러시아 등 40여 나라는 아직 동참하지 못하고 있어요. 우리나라는 비무장 지대를 제외한 다른 지역에 지뢰를 금지하겠다며 협약에 가입하기를 원했지만, 국토의 일부를 제외하고 가입할 수 없다는 이유로 거부당했어요.

약이 되기도 독이 되기도 하는 〈천사와 악마〉

★ 니트로글리세린은 독일까? 약일까?

강력한 폭발성을 가진 물질로, 다이너마이트의 주요 성분으로 쓰이고,
심장의 통증을 줄이는 혈관 확장제로도 쓰이는 니트로글리세린.
전쟁을 일으키는 도구가 되고, 사람을 살리는 약이 되기도 하는
니크로글리세린에 대해 알아보자.

"가슴을 쥐어짜는 것 같아요."

"가슴에 고춧가루를 뿌려 놓은 듯 아파……."

협심증 환자에게

매일 찾아오는 고통

협심증 : 심장 혈관이 좁아져
심장이 산소를 충분히 공급받지
못했을 때 나타나는 질병

자칫 돌연사로 이어질 수 있는

위기의 순간

돌연사 : 갑작스러운 죽음.
호흡 곤란, 중독, 쇼크로 인한 사망

고통에서 벗어나기 위한

그들의 선택은

니트로글리세린.

니트로글리세린($C_3H_5(NO_3)_3$) : 글리세린의
혼합 화학 물질. 폭발성을 가져 다이너마이트의
원료가 됨. 심장병을 치료하는 약이 되기도 함.

생각해 보기 다이너마이트는 어디에 쓰이는 물건일까요?

이탈리아의 화학자 소브레로는
글리세린에 질산을 작용시켜
니트로글리세린을 발명하였다.

아스카니오 소브레로(1812~1888) :
이탈리아의 화학자

니트로글리세린에서 발생되는
산화질소는 혈관의 근육을 이완시켜
피를 잘 돌게 한다.

산화질소(NO) : 질소의 산화물.
일산화질소(NO)를 말함.

이로 인해 심장 발작을 막아 준다.

한편
철도 · 운하 · 터널 건설이
한창이던 19세기

그때까지 사용되던 흑색 화약에 비해
10배 이상의 폭발력을 가진
니트로글리세린을
건설 현장에서 사용하기 시작했다.

하지만 그것은
매우 유용한 물질이지만
동시에
매우 위험한 물질

약한 충격에도 쉽게 폭발해
사람이 죽는 사고가 끊이지 않았다.

"니트로글리세린을
안전하게 다룰 수 있는 방법은 없을까?"

1866년 마침내
스웨덴의 알프레드 노벨이
니트로글리세린으로 다이너마이트 발명

그 힘은 더욱 강력해지고
안전성은 높아졌다.

알프레드 노벨(1833~1896) :
스웨덴의 과학자이면서 기업가.
다이너마이트 발명

그리스 어로 '파워',
힘이라는 뜻의
다이너마이트

다이너마이트 : 1866년에
노벨이 니트로글리세린을
이용하여 발명한 폭발물

채석 : 돌산이나 바위에서
석재로 쓸 돌을 캐거나 떠냄.

터널 건설과
돌을 캐는 채석 작업에
혁명을 일으켰다.

내가 만든 다이너마이트는
수천 가지의 국제 협약보다
더 빨리 평화를 일구어 낼 것이다.
_(알프레드 노벨)

그러나 빗나간 예측.

제국주의로 인해 더욱 빈번해진 전쟁에서
강력한 힘을 가진
다이너마이트는 무기로 등장한다.

그리하여 뜻하지 않게
소총, 대포, 폭탄 등과 함께
새로운 살상 무기가 되는
다이너마이트.

평화 대신 찾아온 것은
잔혹한 전쟁의 연속
빈곤과 공포

다이너마이트 사용으로 전쟁터에서
대량 살상이 빈번해진다.

그 후 세상 사람들의 노벨에 대한
비판이 끊이지 않자
노벨은 괴로워한다.

어느 날
협심증에 니트로글리세린 처방을 받은
노벨의 고백

의사들이 내게 처방해 준 것이
니트로글리세린이라니!
이것이야말로 운명의 장난이 아니겠는가?
_(알프레드 노벨)

니트로글리세린의 진짜 얼굴은 뭘까?

고통을 없애 주는 천사?
고통을 안겨 주는 악마?

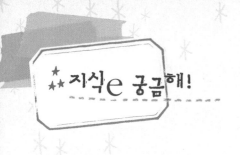

니트로글리세린

니트로글리세린을 처음 발명한 사람은 이탈리아의 화학자인 아스카니오 소브레로예요. 니트로글리세린은 화학적으로 보았을 때 성능이 뛰어난 폭발물이지요. 아주 민감하여 작은 충격에도 폭발할 수 있고, 지속적으로 흔들릴 경우에도 자연적으로 폭발할 수 있어요. 위험성이 너무 컸기 때문에 다루기가 힘들어 노벨이 다이너마이트를 발명하기 이전에는 실제로 많이 사용하지는 않았어요.

하지만 니트로글리세린은 의약품으로 사용하면 암이나 심장병을 치료할 수 있는 고마운 화학 물질이에요. 노벨 역시 협심증 때문에 니트로글리세린으로 만든 약을 먹었답니다.

다이너마이트

다이너마이트는 니트로글리세린을 가지고 만든 폭약이에요. 폭발성이 큰 액체 상태의 니트로글리세린을 규조토에 흡수시켜 고체 상태로 만든 것이지요. 안전성은 높아지고 니트글로세린의 폭발력은 그대로 간직할 수 있도록 효과적으로 만들어졌어요.

이때부터 종이 튜브로 묶인 다이너마이트는, 터널 건설이나 채석 작업을 하는 곳에서는 없어서는 안 될 중요한 도구가 되어 사람들을 위험한 작업으로부터 구해 주었어요. 하지만 안타깝게도 다이너마이트는 전쟁에 대량 살상 무기로 이용되면서 많은 사람의 목숨을 앗아 갔어요.

알프레드 노벨

알프레드 노벨은 스웨덴 태생의 과학자예요. 어려서부터 손재주가 뛰어났으며, 어학에도 소질이 있어 스웨덴 어를 비롯해 영어, 프랑스 어, 독일어, 러시아 어 등을 자유롭게 할 수 있었어요.

노벨은 10대 후반에 미국으로 건너가 본격적으로 기계 공학을 공부하고, 니트로글리세린에 관심을 갖게 되었어요. 그런데 1864년, 아버지가 운영하던 공장에서 폭발 사고가 일어나 노벨의 동생을 비롯해 함께 일하던 직원 5명이 사망했어요. 이에 안전한 폭발물의 필요성을 더욱 느끼고 연구를 계속해 다이너마이트를 만들었어요. 그리고 1886년, 노벨은 세계 최초의 국제적인 회사인 '노벨 다이너마이트 트러스트사'를 세웠어요.

노벨은 결과적으로 많은 사람을 죽게 한 다이너마이트를 발명했지만 사실은 자신의 발명품으로 세상이 평화로워지기를 바랐던 평화주의자였어요. 노벨은 협심증을 앓다 1896년 12월에 사망했어요.

알프레드 노벨, 노벨상을 만들다

세계적으로 가장 권위 있는 노벨상은 노벨의 유언에 따라 그의 유산으로 만들어졌어요. 1901년부터 지금까지 해마다 노벨상을 수여하고 있어요. 노벨이 자신의 재산을 기부하여 노벨상을 만들게 된 데에는 사연이 있어요. 1888년, 파리의 한 신문에 노벨이 죽었다는 신문 기사가 났어요. 사실 사망한 사람은 노벨이 아니라 노벨의 형이었어요. 그 신문 기사는 노벨이 많은 사람의 목숨을 빼앗아 간 다이너마이트를 발명해 부자가 되었으니, '노벨은 죽음의 상인'이라는 내용이었어요. 이 일로 충격을 받은 노벨은 세계 평화와 발전을 위해 모든 재산을 내놓았고, 노벨상이 만들어진 것이랍니다.

생각하는 힘을 키워 주는

어린이 지식ⓔ

〈어린이 지식ⓔ〉 시리즈는 감동과 재미를 주는 EBS
『지식채널ⓔ』의 내용을 어린이의 눈높이와 초등학교
교과 과정에 맞춰 주제별로 재구성했습니다.

1. 생명과 환경

생명의 탄생과 흐름, 나와 가족, 공동체에 대한 다양한 주제들을 다루어 세상에 대한 바른 시선과 다양
한 지식을 제공해 준다. '태어날 때 이미 3억의 경쟁자를 이긴 게 바로 나?', '안아 주는 것만으로 생명을
살릴 수 있다?', '베풀고 살면 몸이 건강해진다?', '햄버거 때문에 지구가 위험하다?', '평생 고기를 먹지
않은 사자가 있다?' 등의 재미있는 이야기를 통해 자존감을 높여 주고, 나와 가족과 사회를 생각하게 해
주고, 더불어 살아가는 지혜를 일깨워 준다.
값 12,000원 ISBN 979-11-86082-33-1(64300)

2. 경제의 이해

경제란 무엇인지 알게 해 주고, 어린이들이 올바른 경제관념을 갖도록 해 준다. 단순히 물건을 사고파는
일 외에도, 모든 일상의 활동이 경제와 어떻게 관련돼 있는지 흥미롭게 알려 준다. '2000만 마르크로 살
수 있던 게 고작 빵 한 덩이?', '물가의 마술에 걸려 오르락내리락하는 돈의 가치?', '배도 그물도 없이
고기를 낚는 어부들이 있다?', '새 옷 한 벌 때문에 서재를 통째로 바꾸었다?', '먹을거리 3km 다이어트
로 푸드 마일을 줄인다?' 등의 내용을 재미있게 알아볼 수 있다.
값 12,000원 ISBN 979-11-86082-34-8(64300)

3. 소중한 문화유산

우리 얼이 담긴 문화재, 나라를 위해 삶을 바친 위인들, 되새겨야 할 역사적 사건들을 담아 우리의 문화
유산이 어떻게 지켜졌는지, 어떤 면에서 우수한지 알려 주며 문화적 자긍심을 키워 준다. '전 재산을 걸
어 낡은 것들을 모은 바보가 있다?', '최초의 국어사전을 만들게 한 말모이 작전은 무엇?', '묻고 듣는 것
이 세종대왕의 특별한 능력이라고?', '경부고속도로가 세운 세계적인 기록은?' 등의 해답을 찾아가는 사
이 '왜', '어떻게' 우리 것들이 만들어지고 위기 속에서 이어져 왔는지 알 수 있을 것이다.
값 12,000원 ISBN 979-11-86082-35-5(64300)

4. 함께 사는 사회

전쟁과 자연재해, 기후 변화 등 국제 사회에서 벌어진 다양한 사건들을 다루며, 지구촌의 이웃과 더불어
살기 위해 무엇을 나눠야 할지 고민하게 한다. 또한 나눔을 실천하는 국제기구를 알아가면서 서로 도우
며 살아가는 방법을 배울 수 있다. '가난한 환자를 직접 찾아가는 병원 열차가 있다?', '회색늑대가 사라
진 숲이 왜 황폐해졌을까?', '의학 교육을 무료로 시켜 주는 나라가 있다?', '1069명의 아이를 구한 유모
차 공수 작전이란?', '핵폐기물이 안전해지기까지 10만 년이 걸린다고?' 등의 답을 찾을 수 있다.
값 12,000원 ISBN 979-11-86082-36-2(64300)

5. 꿈과 진로

행복한 인생의 필수 요건인 꿈과 직업에 관한 이야기를 담아 자신의 꿈을 발견하고 이를 직업으로 실현
시키기까지 어떤 과정을 거쳐야 하는지 알려 준다. 힘든 상황에서도 포기하지 않고 자신의 꿈을 현실로
만든 사람들의 이야기를 통해 바람직한 삶의 자세를 배울 수 있다. '거짓투성이 책의 작가가 빅토르 위
고?', '사물의 몸과 마음으로 들어가는 신비한 능력?', '대학 중퇴자가 최고의 CEO가 될 수 있었던 비밀
은?', '600년 전통 명문 학교의 주요 과목이 체육?' 등의 내용을 재미있게 만날 수 있다.
값 12,000원 ISBN 979-11-86082-37-9(64300)

'5분의 메시지'로 생각하는 힘을 기른다!

생각하는 힘을 키워 주는 『어린이 지식ⓔ』는
아이들에게 책 한 권의 지식을 넘어, 지혜를 자라나게 해 줍니다.

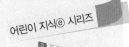

어린이 지식ⓔ 시리즈

6. 역사와 인물

문명을 발전시킨 도구와 사회를 바꾼 사건과 인물들을 소개한다. 인류 문명의 발전을 가져온 재미난 이야기와 다양한 정보는 역사에 대한 흥미를 불러일으키고, 우리의 일상을 만들고 변화시켜 온 살아 있는 역사를 만나게 해 준다. '인류의 발전은 두 손에서 시작됐다?', '1582년 로마의 달력에서 열흘이 통째로 사라졌다?', '지구가 돈다는 사실을 증명해 낸 것이 교수의 장난감?', '18세기 사람들은 이슬이 나비가 된다고 믿었다?', '왜 나폴레옹은 자신을 그린 화가를 미워했을까?' 등의 궁금증을 풀 수 있다.
값 12,000원 ISBN 979-11-86082-38-6(64300)

7. 창의적 도전

세상을 새롭게 변화시킨 사람들의 새로운 발상과 상상력을 소개해, 어린이들의 창의적인 사고력을 키워 준다. 생각을 일깨워 주고, 바꿔 주고, 다르게 생각하도록 영감을 주는 이야기는 '사물을 어떻게 바라보고, 어떤 방식으로 생각할 것인가?'라는 것을 깊이 생각하게 한다. '청중들의 소음만으로 이루어진 음악이 있다?', '변기를 전시하면 예술 작품일까? 아닐까?', '꽃과 열매 그림이 멀리서 보면 사람 얼굴이라고?', '피카소가 한국 전쟁의 참상을 그린 이유는?' 등의 이야기를 만날 수 있다.
값 12,000원 ISBN 979-11-86082-39-3(64300)

8. 과학과 기술

과학과 기술이 어떻게 시작되고 발달해 왔는지에 대한 이야기가 실려 있다. 새로운 아이디어로 인류의 삶을 바꿔 놓은 발명 이야기를 통해 과학적인 잠재력을 깨우고, 과학에 대한 지식을 배우게 한다. '달의 뒤편으로 간 남자가 있었다?', '라이트 형제가 발명한 비행기 원리는 자전거에서 얻었다고?', '엘리베이터가 100층을 오르는 데 수만 년이 걸렸다고?', '혈액이 온몸을 한 바퀴 도는 데 1분밖에 안 걸린다고?', '깡패에게 돈을 빼앗긴 곳을 알려 주는 지도가 있다?' 등 흥미로운 정보가 가득하다.
값 12,000원 ISBN 979-11-86082-40-9(64300)

9. 자연과 생태계

생태계의 신비한 이야기를 통해 동식물의 생존 법칙과 인간이 자연과 공존하는 방법을 알려 준다. 깊이 있는 자연 탐구의 기회를 주는 것은 물론 소중한 자연을 지키고 보존해야 함을 깨닫게 한다. '식물도 화가 나면 공격한다고?', '달리기에서 타조가 치타를 앞지를 수 있을까?', '생명이 있는 곳 어디에나 있는 백색 결정체는 무엇일까?', '깊고 어두운 해저 2700m, 생존의 법칙은 무엇일까?', '다람쥐의 볼에 도토리 12알을 넣을 수 있다고?' 등의 의문을 풀 수 있다.
값 12,000원 ISBN 979-11-86082-41-6(64300)

10. 다양한 가치관

어떤 가치관을 가지고 세상을 살아가야 할지 생각해 볼 수 있는 이야기가 담겨 있다. '어떻게 살아야 한다.'라는 정의를 내려 주지는 않지만 올바른 가치관을 세우기 위해 꼭 필요한 분별력을 기를 수 있다. '미국의 시내 한복판에 북한을 소개하는 식당이 있다?', '20점 만점에 10점만 넘으면 원하는 대학에 갈 수 있는 나라는?', '나의 모든 이야기를 잘 들어 주는 컴퓨터가 있다?', '글짓기를 잘하는 사람은 글쓰기를 못한다?' 등의 재미있는 이야기를 만날 수 있다.
값 12,000원 ISBN 979-11-86082-42-3(64300)